Fabián J. Ciarlotti

Ayurveda
y Karma

Ayurveda y Karma
es editado por
EDICIONES LEA S.A.
Av. Dorrego 330 C1414CJQ
Ciudad de Buenos Aires, Argentina.
E–mail: info@edicioneslea.com
Web: www.edicioneslea.com

ISBN 978-987-718-526-3

Ilustración de tapa: Carlos Dimare

Primera edición. Impreso en Argentina.
Octubre de 2017. Arcángel Maggio–División Libros

Ciarlotti, Fabián
   Ayurveda y karma / Fabián Ciarlotti. - 1a ed. - Ciudad Autónoma
de Buenos Aires : Ediciones Lea, 2017.
   192 p. ; 23 x 15 cm. - (Alternativas ; 65)

   ISBN 978-987-718-526-3

   1. Filosofia Ayurveda. 2. Karma. I. Título.
   CDD 181

"...Y la Medicina tendrá que convertirse un día, entonces, en una ciencia que sirva para prevenir las enfermedades, que sirva para orientar a todo el público hacia sus deberes médicos, y que solamente deba intervenir en casos de extrema urgencia, para realizar alguna intervención quirúrgica, o algo que escape a las características de esa nueva sociedad que estamos creando".

Dr. Ernesto "Che" Guevara
(19 de agosto de 1960, durante la inauguración del Curso Académico del Ministerio de Salud Pública)

"...Y la Medicina tendrá que convertirse un día, entonces, en una ciencia que sirve para prevenir las enfermedades, que sirve para orientar a todo el públ... o haga sus deberes médicos, y que solamente deba intervenir en casos de extrema urgencia, para realizar alguna intervención quirúrgica o algo que escape a las características de esa nueva sociedad que estamos creando."

Dr. Ernesto "Che" Guevara
(19 de agosto de 1960, durante la inauguración del Curso Académico del Ministerio de Salud Pública)

Prólogo

Como reza la contratapa, el karma (acción) es el principio o ley universal de acción y su reacción como consecuencia. Según la religión hindú, el karma es la ley fundamental del universo, como una generalización de la ley de la causa y efecto aplicada a todos los ámbitos o planos de la existencia.

Las impresiones y emociones no digeridas de la conciencia son en realidad memorias del inconsciente y están ligadas íntimamente con la filosofía del karma y la rueda de reencarnaciones

Todo lo que pensamos (decimos y hacemos) nos será devuelto; por supuesto, hay karma con frutos positivos y karma con frutos negativos.

Según los Vedas, si no usamos el intelecto y quedamos a merced de la mente y sus emociones, todo será karma: nuestros pensamientos, muestras acciones, nuestras emociones e inclusive nuestra educación.

El karma queda registrado en el akasha o espacio (en lo que conocemos como "registros akáshicos"); ergo, va unido al tiempo, a la reencarnación, es decir, a la rueda de nacimientos y muertes ocurridos en el nuevo concepto de pranósfera, que se explicará luego.

Uno comprende cuando comprende el karma; y eso también es karma, ya que sus frutos pueden ser positivos o negativos.

El karma modela todas las formas del ser: veremos que dosha más que biotipo significa "tendencia al desequilibrio", entonces los dosha vata, pitta y kapha son karma también, ya que es una tendencia hacia cierto desequilibrio influenciado por el elemento actuante. Así, por ejemplo, el karma de pitta será su fuego, lo que lo llevará a tendencia de gastritis, úlceras, hipertensión, problemas de piel, hígado, sangre, conjuntivitis, soberbia, ira... todos problemas de fuego.

Tenemos un programa de observación y otro de acción, nuestra forma de percibir determina los acontecimientos percibidos.

Nuestro presente vive un futuro pasado, gobernado por los patrones de codificación, aunque no estamos necesariamente atados al karma ni a nada. Hay tendencia pero también libre albedrío. En este instante somos libres de pensar como queramos, somos capaces de cambiar ya, sin más vueltas.

Fabián J. Ciarlotti

El nuevo AUM de A.U.M.

En el AUM tradicional (léase om, pues au en sánscrito se pronuncia o) ॐ la curva superior izquierda es el estado de vigilia o Jagrat, la grande de abajo a la izquierda es estado del sueño con imágenes oníricas llamado swapna; la de abajo a la derecha es sushupti, el sueño profundo, sin imágenes oníricas. La rama que se desprende arriba es maya, el ego, el velo de la ilusión; el punto de arriba es turiya, el cuarto estado, la liberación (de la mente).

En este nuevo ॐ̃ (actual símbolo de Ayurveda Universidad Maimónides), de la liberación bajan los demás estados mentales, poniéndolos por abajo de la liberación misma… y se lee om.

I
No tengo tiempo, hay que hacer más espacio

¿Qué es el tiempo? ¿Una idea? ¿Una medida del cambio? ¿Es un movimiento? ¿Una sucesión de hechos? ¿Una distancia? ¿La naturaleza de la duración? ¿Una forma de medir el espacio...? ¿Hay distintos tiempos como físico, mental, biológico, estacional, personal? Cuando duermo y no estoy soñando, ¿de qué tiempo me hablan? ¿Quién está ahí?

Para el ser humano podemos decir que la mente es el tiempo. Pienso en lo que pasó o lo que vendrá, el pasado (memoria) ya fue, el futuro (imaginación) aún no es, ambos son procesos mentales. Lo eterno está fuera del tiempo y es el presente. Estar en el presente es tiempo fuera del tiempo. ¿Cuándo empezó este momento? El presente es la única cosa que no tiene principio ni fin. El presente es el futuro transformándose en pasado, no se puede agarrar.

Entonces vemos que el tiempo es sólo pasado y futuro, el presente está fuera del tiempo, por lo tanto estar 100% en el ahora es lo único y verdaderamente eterno.

En sánscrito, tanto hora como kala significan "tiempo". El ahora está fuera del tiempo, a-hora.

La mente siempre ha intentado hacer dos cosas fútiles: una es alterar el pasado (lo que pasó tenía que pasar) y otra determinar el futuro (si querés hacer reír a Dios, contale tus planes). Algo pasa, pues, de ser así, todos los psicólogos estarían iluminados y todos los astrólogos serían millonarios. La cualidad básica del futuro es la incertidumbre. La mente ve para atrás, está en la espalda, se rige por el pasado; pero si cambiamos la mente de lugar, pasan y vemos otras cosas.

El pasado (bhuta), presente (vartamana) y futuro (bhavisyat) se hallan entrelazados. El tiempo según la mente es lineal, empieza en el nacimiento y termina en la muerte; el tiempo animal es circular es el de las estaciones, otoño–invierno–primavera–verano y de nuevo el otoño. El tiempo en espiral es el de la vida y la naturaleza, pues en sí mismo es circular pero a la vez es creciente.

Cuando a veces estamos concentrados en algo (el fuego, la luna, algún trabajo lindo, el deporte), el tiempo se detiene, nosotros estamos totalmente en el objeto, sabemos todo lo que pasa, no necesitamos pensar, ya que somos conscientes.

Pensar es agregar tiempo lineal y ningún animal sabe de tiempo lineal, sino de estaciones cíclicas, pues carecen de nuestra mente; la mente con su tiempo y sus pensamientos. El hombre es el único animal que sabe que se va a morir pues tiene esta mente, pero si esa certeza no es aceptada, acaba transformándose en un problema. La mente es la otra cara del tiempo y a la vez la mente es causa y consecuencia del tiempo.

Manejar el tiempo ayuda a manejar la mente, pues son lo mismo. Por eso la impuntualidad perturba la mente, y un minuto para la mente es mucho tiempo ya que va más rápido que la luz, los pensamientos se mueven en saltos cuánticos

Cuando la mente, calla entonces el tiempo se detiene. En este momento sin pensar, ¿dónde están el pasado y el futuro? En ninguna parte, sólo existe el momento presente, lo otro es una mera proyección mental. Así no hay tiempo, no hay muerte.

Es más: *todo problema es un pensamiento*, o sea que no hay que cambiar el problema sino la forma de pensarlo, o directamente no pensarlo (*res non verba*: hechos, cosas, no más palabras, dejar de cuestionar todo y empezar a ser).

La aceptación y el discernimiento del intelecto de lo que es real, llevan al individuo a vivir constantemente el presente. El tiempo lineal es el tiempo del reloj, de la materia, del átomo, de la mente; va en una dirección como una flecha. Según esta visión nacemos, crecemos y morimos, como todo lo que está compuesto por materia.

El tiempo circular es el de las estaciones, como un ciclo, aparentemente sin principio ni fin. El Sol (Surya) da el tiempo de las estaciones y del hombre. Fuerza Pitta que luego veremos, de fuego. La Luna (Chandra), es el tiempo de las mareas y de la mujer. Fuerza Kapha, de agua.

El tiempo se puede manipular, hasta se puede detener completamente (según la meditación y Einstein). El tiempo en espiral es el de la vida, en los tres planos del espacio y en cuatro dimensiones (espacio/tiempo). El espiral que asciende finalmente se aleja tanto que luego se vuelve a encontrar y ensamblar en sí mismo (Samsara).

El tiempo, que es continuidad, jamás puede saber lo que es eterno. La eternidad es horizontal, no vertical; está en el presente, en el ahora instante.

Existe un futuro probable, uno posible e inclusive futuros paralelos. Cuando uno elige, el futuro cambia, los futuros posibles y probables también se modifican. Cada pensamiento que tenemos nos saca del ahora. El ahora contiene en sí mismo todo el pasado y el futuro.

¿Existe una percepción fuera del tiempo? La experiencia está dentro de él mismo.

Uno puede actuar pero siempre estará en el campo del tiempo, su causa-efecto (parinama). En el intervalo entre dos pensamientos uno puede descubrir algo nuevo, pero después lo traduce en términos del tiempo.

La mente es mucho más veloz que los sentidos, se da cuenta de la moto que está doblando en la esquina antes de que el ojo lo vea, sabe lo que va a escuchar antes de que se lo digan.

El pensamiento (la mente) es el resultado del tiempo y, mientras esté en ese campo, está preso del mismo. El presente es el futuro convirtiéndose en pasado imposible de agarrar, sólo se puede ser testigo. A nivel cuántico no hay tiempo, lo que va a pasar afecta a lo que está pasando ahora. El futuro podría regresar y robarnos algo.

La memoria, smriti, está relacionada con el agua, por eso la mujer y Kapha tienen más memoria en todo sentido, pues tienen más agua, luego le sigue Pitta y lejos Vata. A corto plazo, o sea anterógrada, es Vata; a largo plazo, retrógrada, es fuerza Kapha y luego Pitta. Mnesis es recuerdo y amnesia falta de memoria o recuerdos. Podría decirse que hay muchas "memorias": memoria de capacidades, de competencias, semántica, declaratoria, reglas mnemotécnicas, de lugares, caras, kármicas (tener memoria, acá, puede ser una virtud o un calvario), etc.

Luego menciono la mnemoción (neologismo), como emoción que deja huella mnémica (samskara).

Las sinapsis químicas son el elemento lógico primario, en ellas hay agua, es por eso factible la química. Hay memoria en el agua, ergo, en la sinapsis. ¿Las dendritas, entonces, influyen en lo percibido?

La memoria ayuda a programar el futuro y es útil para las cosas cotidianas; acá vamos a mencionar a aquella memoria repetitiva de errores del pasado, aquella memoria kármica que sin querer o sin darnos cuenta, hasta la alimentamos nosotros mismos. La memoria y la imaginación son procesos mentales y ambos están relacionados con el tiempo, y con el espacio.

El tiempo es la mente en pasado y futuro, mientras que la vida es ahora. El único momento donde puede ocurrir un cambio es ahora, ni en el pasado ni empezando el lunes que viene.

La memoria es materia, tiene peso y forma, es sustancia en la mente, es la historia del ego, memoria de información ordinaria; pero también existe la memoria superior, la memoria de quienes somos y las memorias de todas las vidas. Purificando la memoria kármica purificamos la mente, y para ello tenemos que terminar de digerir las emociones que nos ocupan lugar y no nos dejan mover; por eso el primer paso es auto observación con el intelecto (o sea aceptación y desapego del resultado de la acción).

Nuestro ego es fácilmente provocado y luego desarrolla emociones que no podemos digerir, haciéndolas nuestro cuerpo (gastritis, fibromialgias, colitis ulcerosa y todas las que se te ocurran).

Si cambiamos mente por intelecto vemos otra película, ya que el futuro siempre vuelve y nos cuenta suavemente, inclusive en silencio, muchas cosas.

La memoria es tiempo petrificado, el recuerdo del pasado es en sí mismo una experiencia presente, sé del pasado sólo en el presente y como parte de él. Sólo son recuerdos en una experiencia presente. Asimismo, el futuro o la anticipación es un hecho presente. La totalidad del tiempo es aquí y ahora.

El ahora no forma parte del pasado ni del futuro, está más allá del tiempo, es eterno. El ahora sucede con la conciencia, sin la interpretación de la mente. Sin pensamiento ocurre el verdadero momento eterno, sin pasado ni futuro.

Para el ser humano, en el momento presente todo es posible y todo está abierto. En realidad, el tiempo es sólo pasado y futuro, el presente está fuera del tiempo, es lo único verdaderamente eterno.

La memoria es tiempo y condicionamiento, es el pasado a través del presente creando el futuro. Repito, por las dudas: no me refiero a aquella memoria técnica u objetiva para nuestra profesión o datos útiles sino de las memorias del karma, que son un lastre, como llevar una carga.

El pasado está activo en el presente como una semilla, lista a brotar. Usamos el presente tan solo como un medio para el futuro; ergo, el presente carece de importancia.

La filogenia es la evolución de la especie, la ontogenia es la evolución del individuo; si vamos para atrás vemos a nuestros padres y abuelos y notamos que hemos heredado bastante de ellos, también de abuelos que a su vez heredaron de sus padres, de sus abuelos (ya hablamos de unos 200 años atrás); muchos tenemos bisabuelos de los que no sabemos ni sus nombres, y luego tatarabuelos y choznos (hace ya varios cientos de años atrás) y luego hace 2000 años atrás veo que eran todos campesinos, sin dientes y ya viejos a los 35 años (Jesús en realidad a los 33 años murió siendo un adulto-viejo según la época, donde la expectativa de vida rondaba los 35 años). Y si seguimos para atrás (pues es inevitable) y nos vamos 400.000 años o más, continuamos viendo nuestros antepasados, pero ya no se parecen a los abuelos, tienen el cerebro más chico y sus pensamientos y raciocinio son más limitados, son los Neanderthales y luego los Cromañón

En nuestro cuerpo están esos genes, átomos y tiempos que se transmitieron de generación en generación, desde el Big Bang. La filogenia (filo: "raza", "estirpe", genia: "generar", "producir") es la evolución de la vida misma y del Universo.

Conocimiento-memoria-pensamiento-acción: en éste círculo hemos vivido desde que existe el homo sapiens hasta ahora (que debería llamarse Homo Emocionaliens).

Porque tenemos memoria e imaginación nos preocupamos. Por algo que pasó o por lo que va a venir, así llenamos el espacio de nuestra mente–tiempo y nos baja el prana. Porque donde hay espacio hay capacidad de ver y elegir; pero si tenemos la mente llena de preocupaciones (remordimientos, culpas y tantas cosas fútiles) pues no hay capacidad para ver. El tiempo es la medida del cambio en el espacio.

Los problemas son creados por la mente y necesitan tiempo para sobrevivir, ese tiempo son los pensamientos.

Hay que hacer más espacio

Vimos que como neo Ayurveda está la necesidad de ver el elemento espacio unido al tiempo. Así, Vata (que es predominantemente espacio y viento) también es tiempo y, al ser dosha, o sea tendencia al desequilibrio sufrirá por él: vejez, ansiedad, hiperkinesia, pérdida de memoria...

Podríamos decir que el tiempo es Vata y el manejo del tiempo es Pitta. Kapha lo estira, lo demora.

El tiempo entra por los ojos, por el espacio. Todo comienza en los ojos, gracias a que hay espacio. Cuando se dice "No tengo tiempo" también se está diciendo no tengo espacio, estoy apretado, no tengo mente, no tengo prana, no lo puedo ver. El espacio genera y conserva prana, energía; entonces, gracias al espacio (ergo, al tiempo) es posible el movimiento: km/h, espacio y tiempo.

Pensar es agregar tiempo y espacio, nombre y forma (kala dik nama rupa).

El espacio es el elemento más importante para el Ayurveda, es el elemento que hace que todo suceda (también a nivel mental) y el más sutil de todos ellos (el más denso es el elemento Tierra), ahora sabemos que está unido al tiempo. El espacio es libertad, paz, inactividad, claridad, visión, tranquilidad (lo más parecido a la felicidad), atérmico, vacío y lleno, expansión ilimitada. No tiene existencia física. Es paradójico, existe y a la vez no existe. Es el elemento donde se desarrollan los demás elementos y que diferencia los objetos.

En el espacio del microcosmos, o sea de la conciencia, hay tiempo (karma, registros akáshicos, arquetipos, herencia, etc.), pero en forma de programación o planificación de conducta y comportamientos. Acá se ubica nuestro karma, de esta y de todas las vidas.

En el espacio o akasha del macrocosmos están los depósitos del karma (registros akáshicos) de todo ser humano de todas las vidas. Veamos algo de sus medidas.

La velocidad de la luz es de 300.000 km/s; eso significa que, si encendemos una linterna a nivel del ecuador, da siete veces y media la vuelta a la Tierra; en un año la luz recorre 9.463.000.000.000 km, lo que equivale a casi diez billones de kilómetros. Las estrellas (soles) están a millones de años luz (espacio tiempo), su luz tardó millones de años en llegar hasta nosotros. Si vemos que la luz de una estrella se apaga, esto sucedió hace millones de años. Es claro que el cielo que vemos es un cielo antiguo, o sea, si nos alejamos en el espacio, también lo hacemos en el tiempo

Si se apaga el Sol nos enteraríamos 8 minutos más tarde, que es lo que tarda su luz en llegar a la Tierra ya que está a 150 millones de km; el otro sol más cercano es la estrella alfa centauro a 4 años luz. Si tomamos su inicio a partir del Big Bang hace 13.500.000.000 de años o 13,5 eones, vemos que fue el akasha o espacio lo que primero se creó, comenzó a crecer y aún hoy continúa su expansión, permitiendo que el cosmos se instale en él. Por eso se reconoce al akasha como primer elemento védico, pues antes del espacio existía ese "no-espacio" del cual suelen hablar los científicos.

Hay muchas teorías para responder al interrogante acerca de hasta cuándo se expandirá el espacio. Lo cierto es que, por ahora, no sólo se expande sino que cada vez lo hace más rápido (lokavayu). Por el principio de correspondencia, si el macrocosmos se está expandiendo significa que nuestro microcosmos también.

II
Pranósfera: prana, espacio, tiempo, mente y karma

La pranósfera es un aporte de A.U.M. al neo Ayurveda, presentado en la Prakash Deep Institute (PDI) y enviado a muchas otras instituciones y maestros de Ayurveda en la India; acá en Argentina el 3° Congreso Nacional de Ayurveda (Rosario, 2016) y en el Congreso Nacional de Yoga (Buenos Aires, 2017), se compone de mano pancha avastha o sea cinco estados de la mente.

Es la circulación del prana en el espacio y tiempo. No está descrito en ningún libro, por eso se habla de aporte actualizado o neo Ayurveda. La pranósfera lleva información y energía, los rezos y oraciones son pensamientos pránicos y, al ser corrientes eléctricas, también generan magnetismo, esas olas de pensamiento también confluyen en la pranósfera. La pranósfera es un nadi sutil extracorpóreo generado por el espacio y a su vez genera prana, conectando prana con akasha. No estamos en la pranósfera, somos la pranósfera, somos parte de ella, ya que todo es vibración y energía. Prana es acción, movimiento.

El espacio, vimos, es el elemento más importante para el Ayurveda, es el elemento que hace que todo suceda, también a nivel mental. Es paradójico, existe y a la vez no existe. Es el elemento donde se desarrollan los demás elementos y que diferencia los objetos.

El espacio es libertad, paz, expansión, inactividad, claridad, visión, tranquilidad (lo más parecido a la felicidad). No tiene existencia física, pero ahora sabemos que es inseparable del tiempo.

En el espacio (akasha) se ubica nuestro karma, el tiempo de ésta y de todas las vidas. Espacio también es necesario en el estómago, en la mente, en la casa, en la pareja y demás. El espacio también genera prana, a lo que se le suma el tiempo, que genera mente y karma. Entonces, todo eso conforman la pranósfera y cualquier cosa cualquier aspecto de ellos que cambie, cambia lo demás.

La filosofía de vida del Yoga y Ayurveda se basa en el prana. Todos los caminos son para el prana. Manejar la mente o manejar el prana es manejar el espacio, el tiempo y el karma.

Shakti es la energía primordial y tiene dos polaridades: prana si es manifiesta y kundalini si es potencial. Prana es pra–anna, primer alimento, y nuestro primer alimento cuando existimos es el oxígeno, pero prana no es sólo O2 (gérmenes anaerobios, movimiento de planetas, no hay O2 pero sí prana). Prana tampoco es sólo energía, es acción, alegría, placer, sexo, entusiasmo, optimismo, voluntad, da atención e intención (sankalpa), buena onda, aceptación, pocas quejas, buena actitud.

Cuando la mente es tranquila, la respiración es tranquila; cuando se disturba la mente, se disturba la respiración. Cuando se controla el prana, se controlan inmediatamente todas las acciones en las cuales el prana esté involucrado. Mejorando la respiración, aumenta el prana y la mente despierta (importante en geriatría y desequilibrios vata).

El prana es influido por nuestro karma, dosha, nuestras emociones, nuestro trabajo, el clima; en síntesis, por nuestra forma de vida.

Yo Soy… lo que sigue es el ego. So Ham: yo soy eso, purusha.

Yo estoy… lo que le sigue es prana.

Prana, viento, aire, mente, tiempo, energía, muerte… son distintas octavas de la misma música

El espacio genera y conserva el prana y el prana es el combustible de la voluntad

Así como el cuerpo es un srota o canal de la mente, ergo lo es también del tiempo, del prana y del espacio.

La mente es el prana que se expresa y como tal la podemos cruzar con los gunas (ver capítulo V). Así habrá un prana sáttvico: construir una escuela, limpiar el río, prana dhármico, vairagya, con desapego del resultado. Prana rajásico: vida cotidiana, stress, competencia, supervivencia. Prana tamásico: gritos, golpes, violaciones.

Y, si puedo cruzar el prana con los gunas, quiere decir que también puedo cruzar espacio, tiempo, y karma… Entonces, uno puede hablar de un tiempo sáttvico, un tiempo rajásico y un tiempo tamásico, en el cual sáttvico sería el presente, el ahora, el rajásico el futuro y tamásico el pasado.

El espacio siempre es sáttvico, tan sólo puede ser ocupado, y cuando interfiere el hombre genera espacios sáttvicos (escuelas, hospitales, templos), rajásicos (oficinas, deportes) y tamásicos (guerras, bombas).

La pranósfera nos dice que el espacio unido al tiempo, y por lo tanto también al prana, karma, muerte, respiración, mente, emoción, intelecto, conciencia.

Si un pensamiento puede viajar de una mente a otra a través de la noosfera, el prana también, a través de esta pranósfera... Aunque, por más pranósfera que exista, nadie puede purificar a otro.

Hora o kala vidya es la ciencia del tiempo, su Dios para el Ayurveda es Mahadeva, Shiva, ahora debería llamarse Kala Akasha Vidya. Tiempo y espacio son inseparables, ergo el tiempo debería ser una fuerza o medida determinada por la gravedad de los objetos.

Manejar el prana es manejar la mente, el tiempo y el espacio.

El viento también es prana, ergo tiempo, porque el viento mueve cosas en el espacio y si mueve cosas en el espacio, mueve cosas con el tiempo. El viento produce desgaste y degeneración.

El viento es la voz y el canto del prana.

Cuando se dice "No tengo tiempo", también se está diciendo no tengo espacio, estoy apretado, no tengo mente, no tengo prana, no lo puedo ver. El espacio está unido al tiempo, al prana y a la mente. Por eso los impuntuales invaden no sólo el tiempo de los demás sino la mente, el prana y el espacio.

El espacio genera y conserva prana, energía, entonces gracias al espacio (ergo al tiempo) es posible el movimiento. El espacio es cuestión de tiempo. Espacio y tiempo para poder ver. Pensar es agregar tiempo y espacio, nombre y forma (kala dik nama rupa).

El pensamiento nos saca del ahora, ergo agrega tiempo. Si se controla la mente, se controla el prana... y viceversa.

El prana baja el karma negativo (phalam papam), el karma negativo baja el prana.

La sabiduría alimenta al prana, el ego (quejas, culpas, comparaciones) lo destruye. El prana se nutre del Sol, la alimentación sana y acorde, por medio de la respiración, del colon y de la meditación, influye en su control la ciencia de la respiración, las respiraciones pranayama, los asana, la postura y, por supuesto, la mente.

Escuchar, ver, quién nos toca, con quién estamos, todo puede alimentar o indigestar, todo puede quitarnos o darnos prana. Alimento es todo lo que entra por los sentidos, y lo que no se digiere se hace dosha, karma. Lo horizontal de nuestra vida son doshas y gunas, lo vertical el karma. Al final vemos de nuevo que todo problema es un pensamiento, pues cambiando el pensamiento cambia el problema... y también la mente, el tiempo, el espacio, el prana y el karma.

III
La mente es mortal

Esta mente va a morir porque el cuerpo también; es más, todo lo que sea atómico tarde o temprano va a morir. La muerte es dejar la vestimenta del cuerpo y la mente para volver a la fuente, al atman purusha, para reciclarnos (no para reiniciarnos). Para el budismo, el Yo Inferior muere con el cuerpo y sobrevive el Yo Superior. Los Vedas lo llaman cambiar de cuerpo.

Ayurveda y marana, la muerte: "Un anciano es la culminación, no es una vela que se apaga, es como una flor que se seca y se arruga para hacer semilla; seremos sabios si damos a esa semilla un lugar donde germinar y dejar una delicada hebra de ternura y sabiduría que siempre llevará prendida en el alma quien la escuche".

Al morir dejamos el cuerpo físico y entramos en el cuerpo astral causal, lugar que acariciamos en sueños. Nuestra conciencia vibra con el alma en el espacio akasha hasta tomar un nuevo cuerpo.

Este cambio de cuerpo trae paz, el alma de regreso en el espíritu, con un dejo de inteligencia y organización cósmica preparándose para la vuelta, con otro cuerpo y alma, pero con esa semilla de información vibracional.

En cada niño que nace está el anciano, cada bebé trae bajo el brazo su muerte, cada moribundo trae la vida eterna.

Samsara es llamado entre otras cosas, a la reencarnación; ciclos de nacimientos y muertes en la rueda del tiempo (kala chakra). Sam o sama es "balance", "equilibrio" y sara: "esencia sutil", la más elevada realidad, quintaesencia. En la Edad Media, la quintaesencia (del latín, *quinta essentia*) era un elemento hipotético, también denominado éter. Se le consideraba un hipotético quinto elemento o "quinta esencia" de la naturaleza, junto a los cuatro elementos clásicos griegos: tierra, agua, fuego y aire. Tal vez suplían de esa forma la falta del elemento espacio. Muchos consideran al éter sinónimo también de espacio, pero el concepto de éter no es védico sino que proviene del latín; éter significa también cielo, firmamento.

Todo es circular, todo es una rueda y todo vuelve (principio de causa y efecto–karma–samsara).

Vimos que para los Vedas (las sagradas escrituras hindúes) la única forma de ser inmortal es vivir el momento presente. Es ser consciente de este momento, de lo que se está haciendo ahora, hablando o leyendo.

Sin pensar en ayeres o mañanas, eso es mente. Y la mente es mortal. Y, como pensamos, tenemos miedo de que la muerte sea dolorosa, larga, de separarnos de los seres queridos; tenemos miedo a la obnubilación de la consciencia, tal vez a que nos vayamos al infierno, o simplemente a lo desconocido.

En realidad, uno no pierde nada, pues nunca tuvo nada, vuelve al polvo, como la ola al océano. Yo Soy no muere nunca, yo soy Fabián va a morir.

Creer que uno es el nombre es un proceso mental, y la mente es el tiempo que se acaba.

Siguiendo con los Vedas todo es cíclico, día y noche, verano e invierno, vida y muerte, samsara... lo único que uno siempre fue es el alma, que regresa al espíritu, al Purusha, pero con una energía cuántica de información. Esa energía cuántica organizada en túbulos, meridianos y chakras, volverá a tocar un cuerpo y a reencarnar con un alma nueva, pero informada, utilizando como vehículo la epigenética y los campos morfo génicos que veremos en otros capítulos.

De allí viene el abordaje de vidas pasadas.

Al separarse el espíritu del cuerpo sin vida, se separa también el cuerpo de los principios animales, los deseos, las ilusiones. Si éstas son muy fuertes, apegadas, no llegan a disolverse y se forma un núcleo astral de energía negativa que lucha por sobrevivir y puede introducirse en otro cuerpo, a fin de persistir en la materia. Ese núcleo puede o bien no entrar, si el individuo es espiritual y fuerte, o bien entrar y ser expulsado por el propio individuo, o requerir sesiones de espiritismo o médium para lograrlo. También, ese núcleo puede ser dirigido a otra persona.

La hipnosis y la inducción visual son métodos milenarios de curación a través de la regresión a vidas pasadas.

Se termina el ciclo de reencarnaciones, cuando nos liberamos del karma y llegamos al nirvana budista, satori japonés, samadhi yogi, moksha hindú: se llega a budha, la liberación. La mente como la entendemos ya no juega ningún papel ahí.

El karma va unido a la reencarnación, es decir, a esta rueda de nacimientos y muertes que los hindúes llaman samsara (no confundir con samskara, que es "impresión" o "surco mental"). El karma comienza con el samsara.

Al morir los cuerpos físico y mental existe una fuerza vital de información vibracional que sobrevive a la muerte y pasa de cuerpo en cuerpo con sus modificaciones, hasta alcanzar la liberación o unión con el Yo Superior.

En cada reencarnación estaríamos transportando el karma producido en esta y en vidas anteriores, y aunque esto nos condicionará, no nos predeterminará absolutamente. Por lo general, uno no acciona sino que reacciona por influencia de las tendencias e impresiones samskaras, una forma de comportamiento fragmentario, sin conciencia y sin ser testigo. Los samskaras son cicatrices causadas por el karma.

Nuestras acciones pueden reducir o aumentar el karma, dando así más o menos posibilidades a nuestros deseos de libertad. Así pues, dentro de esta forma de pensar, karma y libre albedrío conviven limitándose unos a otros.

Las atracciones y aversiones no pueden reprimirse pues si no, están sujetas a explotar algún día. La Bhagavad Gita explica la actitud con la que deben hacerse las acciones motivadas por ese deseo. El deseo crea las circunstancias de nuestras vidas, es una fuerza súper poderosa que no podemos ni debemos reprimir sino interpretar y saber cómo hacer ese deseo con desapego, hasta hacer lo inconsciente consciente y darnos cuenta de nuestras tendencias.

Cuando uno desea algo, debe llevar una acción para obtener ese objeto de deseo, sadhana es el medio para lograr el fin deseado y el buscador se llama sadhaka

Con respecto al deseo, hay tres caminos: satisfacerlo (samsari), reprimirlo (tyagi), o superarlo (sannyasi).

El sannyasi está libre de sus deseos, está libre de la atracción y aversión. Por ejemplo, de niño teníamos atracción por las bolitas pero de viejos ya no nos interesan las bolitas, no nos dan ni placer ni odio, o sea, con respecto a ellas, somos sannyasi.

El sadhaka entiende que el principal deseo es obtener conocimiento de sí mismo y luego, una vez obtenido ese conocimiento, viene la liberación del yo.

Las impresiones mentales no indican determinismo pero sí inclinación, implicando una tendencia. Tenemos la libertad de hacer lo que nos plazca si tenemos conciencia y amor, las dos fuerzas más integradoras (si están juntas).

Dice Iván Ilich, de Tolstoi, mientras espera su muerte, contemplando un pasado completamente dominado por los demás, una vida en la que había desistido de ser dueño de sí mismo a fin de encajar en el sistema. "¿Y si toda mi vida ha sido una equivocación?". Se le ocurrió que lo que antes le había parecido completamente imposible, especialmente el hecho de que no había vivido como debería haberlo hecho podría, después de todo, ser verdad. Se le ocurrió que sus impulsos vitales, reprimidos brutalmente por sí mismo apenas los había experimentado, podrían haber sido lo único verdadero y real de su vida, y todo lo demás falso. Y sintió que sus obligaciones profesionales y toda la organización de su vida y de su familia, todos sus intereses sociales y oficiales, todo eso podría haber sido falso. Trató de defenderse y justificarse ante sí mismo y de pronto sintió cuán débil era lo que estaba defendiendo y justificando. No había nada que defender...".

En definitiva el stress en que vivo no es de afuera, es el rollo de la película que me hago (y la película sigue igual mientras yo desarrollo tumores).

IV
Esto es un karma

La palabra sánscrita karma deriva de la raíz verbal kry ("acción", "hacer") y se corresponde con el principio o ley universal de acción y su reacción o consecuencia.

Karma comprende cualquier tipo de acción; así, por ejemplo, cada planta o cada alimento también tiene su karma o acción específica, acá nos referimos al karma como principio o ley universal de acción del dharma, que veremos luego abajo… Es la acción y su reacción o efecto como consecuencia, ya que toda causa produce un efecto, que a su vez pasa a ser causa (karma).

Según la religión hindú, el karma está incluido en el dharma, la ley fundamental del Universo, como una generalización de la ley de la causa y efecto aplicada a todos los ámbitos o planos de la existencia.

Purusha se le llama a la energía potencial, la forma original plegada de la materia, la esencia no manifestada. Prakriti (primera acción, naturaleza) no tiene conciencia propia y necesita la facultad de conciencia de purusha para manifestarse. Prakriti es lo manifestado, lo desplegado, los dosha, y contiene todos los karmas, arquetipos e historias de vida.

Cuando el cuerpo inerte recibe el espíritu de purusha, este se transforma en alma y comienza la vida de la prakriti; por el contrario, al momento de la muerte, el alma abandona el cuerpo y regresa a purusha. Así, el espíritu es la fuente de vida y energía de todo ser viviente. El espíritu, es decir, el aliento de vida, es lo que da vida a todas las criaturas.

La unión del cuerpo y el espíritu constituye un ser viviente y, por lo tanto, el alma no es una entidad separada del cuerpo. Cuando el ser viviente pierde el aliento de vida, queda solamente el cuerpo que, privado de él, vuelve al polvo.

Así vemos que el cuerpo es la parte visible del alma y el alma es la parte invisible del cuerpo. Cuerpo–mente–alma no están divididos, cada uno es parte del otro. En cada parte está el todo (física cuántica) y el todo es más que la suma de las partes (física clásica atómica), ambas existen. Todo depende del observador.

Cuando uno habla de la mente, la mente es todo; todo es mental. Cuando uno habla del cuerpo, el cuerpo es todo, ahí está la vida. Cuando uno habla del Ser, el Ser es todo, ahí está la eterna vida.

¿Es el ser, el alma, dios, el espíritu, atma, purusha, el cuánto, el bosón de Higgs, lo inmanifesto, lo ilimitado, todo lo mismo? ¿Es un multiverso que forma un universo… o viceverso?

Vemos algunos nombres kármicos en sánscrito. Soy consciente de que a muchos estos nombres les dificultan o vuelven lenta la lectura, pero son difíciles de traducir ya que significan muchas cosas y, además, si uno quiere ampliar por internet, pues busca y encuentra más fácil así. No es lo mismo buscar fuego digestivo que agni, por poner un ejemplo.

La fuente del karma puede ser adiatmika (causada por nosotros), adibhautika (fenómenos externos como ser Tsunamis o terremotos) y adidaivika (influencias astrales).

El resultado de nuestra acción es llamado karma phalam (de phala: "fruto") y con la acción dhármica tendrá frutos positivos llamados punyam, mientras que con la mala acción (adharma) generará frutos negativos o papam

A su vez, los frutos de esas acciones pueden ser inmediatos o mediatos (en esta u otras vidas, de ahí el concepto de malformaciones congénitas).

Los tipos de karma:

- Karma sanchita (significa "acumulado"), sería el depósito de los frutos de la acción acumulados, ya sean buenos o malos.

- Karma prarabda (de la raíz prakk, "temprano", "antes"; y arabda, "comenzado"), el que traemos de vidas pasadas que nos dará nuestra familia, el país que nacemos, nuestros vasana y samskara (dijimos, tendencias e impresiones).

- Karma agami ("venidero"), es el que estamos fabricando ahora, para esta y otra vida (que pasará a llamarse entonces prarabda). Karma swartha es por propio interés

Karma pasado y presente van juntos y luego se depositan en sanchita. Al reencarnar, traigo lo que dejé en ese depósito sanchita, que me inducirá a hacer el que estoy fabricando ahora.

A través del karma que generamos en esta vida, se nos permite corregir nuestro karma pasado y generar un nuevo destino. Es aquí donde tenemos el libre albedrío de elegir en qué dirección orientamos nuestra vida y sembramos nuestro futuro.

Ni los sabios, videntes o gurús escapan al Karma, ellos están sujetos al karma katancia, el karma superior; de todas maneras, las personas que empiezan a elevarse espiritualmente comienzan a escapar a los condicionamientos planetarios; la vida de los santos y grandes maestros espirituales, está más allá de las influencias astrales.

Karma griha (casa) es karma del hogar y karma samaja es karma de la sociedad.

Las familias también son karma, para bien o para mal. El karma familiar moldea el karma personal, también existe. Además, no es lo mismo nacer en lugares y épocas de pobreza, violencia, guerras, o falta de agua, que en paz, amor, con alimentos y cuidados.

Karma es avyakta, invisible, pero sus consecuencias son vyakta, manifiestas.

Deha Karma, el karma corporal u orgánico en el cual accidentes en vidas pasadas nos marcan corporalmente con cicatrices, marcas, dolencias, enfermedades, e incluso accidentes. Ian Stevenson, en Virginia, trató con hipnosis miles de chicos (recuerdan mejor vidas pasadas) y corroboró que antepasados en ese lugar habían sufrido algún balazo, trauma o alguna caída.

Samsara karma explica la equidad o inequidad de los nacimientos; todos nacemos en familias y sociedades programadas para cada uno.

Nuestros actos darán origen a otros actos y de estos resultarán otros y así nuestros actos perdurarán para siempre, entonces no sólo encarnamos el pasado sino también el futuro.

No es decir: "el karma es la causa de todo. Todo está predestinado. Si estoy predestinado por mi karma a ser de esta manera o de la otra, ¿por qué debo esforzarme? Es mi destino". Esto es fatalismo. Tal actitud producirá inercia, estancamiento y miseria. Eso significa no entender en absoluto la ley de karma. Es un argumento falaz. Existe un libre albedrío de acción capaz incluso de revertir cualquier karma.

Podemos controlar la acción, pero no el resultado de la misma.

El resultado de la acción está gobernado por leyes, las cuales no son creadas por seres humanos y sobre las cuales no tenemos control; dice Dayananda: si yo aplaudo; no puedo insistir que no debiera haber su sonido es una cosa inevitable que haya sonidos; y yo aplaudo tampoco me puedo poner feliz porque hace sonido porque aplaudí; el resultado de las leyes de la acción está sujeto a millones de causas y efectos.

Las acciones en sí pueden ser divididas en dos grandes categorías: acciones motivadas por el deber, o sea, por el dharma, o acciones motivadas por el deseo o rechazo.

Los deberes son los deberes que uno tiene como padre, como empleado, como parte de la sociedad, son cosas que tienen que hacerse sin esperar el resultado de las acciones, como decir no ensuciar, matar, romper, etc. Son cosas que deben hacerse.

La felicidad tampoco puede ser asegurada renunciando a las acciones porque uno no puede permanecer siquiera un momento sin actuar. Actuar es la única manera de vivir, y mientras haya deseos en la mente no se podrá renunciar a las acciones o no se debe renunciar a las acciones; de lo contrario, lo único que uno conseguiría es una represión.

Nuestra vida es una vida de relaciones y emociones.

Samskara y vasana

Tenemos un programa de observación, una forma de percibir, y mi forma de percibir determina los acontecimientos percibidos. Nuestro presente vive un futuro pasado, gobernado por los patrones de codificación del samskara y vasana.

La muerte de un ser querido, alguna paliza en la infancia, quizás la separación de los padres a edad temprana o en forma violenta, tal vez el alejamiento de alguno de ellos, alguna experiencia traumática en la escuela, algún episodio de vergüenza en público, un amor frustrado o una traición amorosa, un quebranto político, y así se puede seguir hasta el infinito. Una sola de estas experiencias es suficiente para condicionar la conducta de una persona para toda la vida. En la vida hay decenas de experiencias que nos marcan y que pasan desapercibidas porque ensayamos mecanismos de defensa para adaptarnos a cada situación traumática.

Otras veces, la muerte fue natural y serena, pero al igual que en nuestra vida presente, ocurrieron miles de incidentes que grabaron a fuego nuestro espíritu, tales como la esclavitud a manos de otros pueblos más poderosos, la persecución religiosa, la tortura, la impotencia frente a una catástrofe, la traición, la mentira, la infidelidad, la culpa, el abuso de poder, el abandono, la castración, el rechazo y miles de situaciones que no necesariamente terminaron con la muerte, pero donde el dolor psíquico fue mucho más intenso que el físico.

Samskara (no confundir con samsara, que es reencarnación) son las impresiones aferentes en la conciencia. Los Vedas decían que estas impresiones marcaban un surco en el cerebro y los pensamientos caían en él. Hoy se citan los Focos de Hamer. El médico alemán Ryke Geerd Hamer encuentra que todos los pacientes con cáncer, habían sufrido un golpe psíquico inesperado o sufrimientos prolongados, vividos en silencio. Efectuando Resonancia Magnética de Positrones en el cerebro de los pacientes con cáncer, encontró una zona pequeña de inflamación que no producía ningún síntoma neurológico que fue calificada por otros radiólogos como una mancha, defecto de fábrica de la máquina. El Dr. Hamer tiene varias especialidades médicas: Radiología, Pediatría, Psiquiatría y Medicina Interna y estudió seis años la carrera de Física. Él, no sólo no está de acuerdo con sus colegas radiólogos, en que se trata de una simple mancha, sino que además esa imagen aparece en el cerebro de todas las personas que sufren de cáncer; y algo más: según la ubicación que tiene en el cerebro corresponde a la ubicación del cáncer en el organismo. A esa mancha la bautizó: Foco de Dirk Hamer, en memoria de su hijo asesinado impunemente.

Samskara viene de sam: "balance" y krî, literalmente "acción"; pero también, como todo lo sánscrito, significa muchas cosas: mejorar, refinar, perfeccionar, impresionar, preparar, ordenación; cultivo; educación; purificación;

sacramento; consagración; cualquier rito o ceremonia; facultad anímica; concepto intelectual; los conceptos (en lenguaje búdico), etc.

Una experiencia traumática deja como saldo activadores subliminales; los Veda definen a los samskara como surcos mentales por donde uno vuelve a caer cada vez (tendencias o vasana), profundizándolos cada vez más.

Vasana son las tendencias eferentes del comportamiento acorde a esa impresión vivida. Son las semillas o bija kármica.

Cuando los samskara o impresiones se repiten, se fijan y se transforman de reacciones externas a condicionamientos internos o tendencias llamadas vasana.

Los vasana, entonces, son tendencias del comportamiento: reaccionamos no acorde a lo que está sucediendo sino a lo que nuestra conciencia está reviviendo.

No vemos las cosas como son sino como somos, no ven nuestros ojos sino nuestros pensamientos.

Los vasana son el residuo de nuestras operaciones mentales, memorias que luego moldearán nuestro comportamiento desde un profundo nivel de programación. Los vasana son determinismos que parecen libre albedrío.

El karma nace de la mente y genera mente

En cada reencarnación estaríamos transportando el karma producido en esta y en anteriores vidas y, como vimos, esto nos condicionará, aunque no nos predetermine absolutamente (samsara samskara). Por lo general, uno no acciona sino que reacciona por las tendencias e impresiones samskara.

Muchas veces no hay causas específicas únicas sino complejos causales.

Tenemos un programa de observación, una forma de percibir, y mi forma de percibir determina los acontecimientos percibidos pero también tenemos la libertad de hacer lo que nos plazca si incluimos conciencia y amor, las dos fuerzas más integradoras que existen (si van juntas), el saber y el amor. El saber sin amor es la bomba atómica, el amor sin saber es apego y tumores.

Los samskara son huellas o surcos en la conciencia que ocurren cuando algo mental no es digerido. La inteligencia es la digestión de la experiencia, mientras que la conciencia es la absorción de esa experiencia.

El intelecto realiza la digestión de la experiencia vivida mientras que la conciencia luego es influenciada por esa digestión, ya sea por apego o rechazo (raga–dvesha).

Todo lo que pensamos (decimos y hacemos) nos será devuelto, uno cosecha lo que siembra decía también Jesús. Karma no es una ley de venganza, sino de compensaciones.

El karma, vimos, va unido a la reencarnación, es decir, a la rueda del samsara.

Las impresiones y tendencias de la conciencia son, en realidad, memorias del inconsciente que empujan a acciones y pensamientos repetitivos que trazan huellas y surcos en los cuales los pensamientos (y de ahí la palabra y la acción) caen y es difícil salir, transformándose así en nuestro profundo nivel de programación.

Los pensamientos y las impresiones resultantes son lo propio de la naturaleza de la existencia vivida, en este sentido son neutras, se convierten en una configuración fija cuando el sujeto que piensa se apropia del hecho por apego o rechazo, de modo que para él significan algo, y esto es lo que lo mueve a la conducta y el círculo se cierra.

Más allá de la experiencia en sí, es cómo uno la enfrenta y le influye luego. O sea, la experiencia digerida no deja surco ni marcas, ellas son lo que son, aunque si falla su digestión uno las fija según gusto–rechazo marcando impresiones que se fijan.

La mente nace del karma y genera karma.

Los samskara, entonces son impresiones aferentes en la conciencia, transformándose en activadores subliminales. Vasana son tendencias eferentes del comportamiento. Son semillas kármicas. Los pensamientos reiterados aumentan aún más esa tendencia, entonces vemos la consecuencia, la mente como. el prana que se expresa y este puede ser sáttvico, rajásico o tamásico.

El samskara es el orden implicado, plegado; vasana es la tendencia, lo desplegado y explicado. El pasado está activo en el presente en orden o información plegada, implícita. Accionamos acorde a lo que nuestra conciencia está reviviendo más que a lo que está pasando.

El orden plegado es atemporoespacial. Puede estar a la vez en el pasado y presente y en distintos lugares.

Y seguimos con los nombres ya que estos vasana pueden ser de dos tipos: vasana que causan esclavitud: bandha hetu (traen papam phala o frutos negativos) o vasana que sólo dan goce: boga hetu (punyam phala, frutos positivos).

O sea, no todas las impresiones son negativas o nefastas, también el verdadero genio, la verdadera creación y acción, nacen de improntas y experiencias pasadas mucho más profundas que nuestros pensamientos a los cuales inclusive moldean y empujan. Por ejemplo en los niños prodigio, los niños índigo.

La mente está presente en los animales y en plantas. Todos con energía de diferenciación pero no de separación. Pero ellos no hacen karma ya que no tienen nuestra mente, los animales hacen siempre lo que tienen que hacer, viven en dharma, o lo que es la acción correcta para ellos.

Nuestro condicionamiento en la vida crea nuestro condicionamiento en nuestra conciencia; emociones repetidas permutan de reacciones externas a condicionamiento interno. Terminan determinando nuestra calidad de vida, son el residuo de nuestras operaciones mentales que moldea nuestro comportamiento y luego se hacen cuerpo deteriorándolo. La medicina Ayurveda propone que antes de pensar en cómo detoxificarnos, pensar en cómo no generar más esa toxina.

Las palabras y acciones repetidas a menudo forman hábitos y, al repetirse en muchas vidas sucesivas, esos hábitos se refuerzan, traduciéndose en tendencias o inclinaciones en nuestra conducta, las cuales nuevamente influencian los procesos de pensamiento y reacciones de la mente, derivando, una vez más, en acciones.

Palabra viene de parábola, y las palabras son lanzas con puntas de aire que pueden dañar mucho y volverse en contra luego.

Cuando uno muere, todos los samskara y vasana quedan como registros akáshicos (recordar akasha es espacio), y al encarnar nuevamente, éstos se manifestarán influenciando sus pensamientos, palabras y acciones.

Así, desde la memoria inconsciente se originan nuestros temores, nuestras creencias, nuestras pautas de conducta, nuestra aversión o atracción hacia determinadas personas o lugares o simplemente una melodía o una comida.

Frente a cada situación de la vida cotidiana, respondemos de acuerdo a estas fuerzas del subconsciente.

Las filosofías védicas sostienen que el karma se reduce y hasta libera si se diagnostica la vida con el intelecto, pues la mente genera karma y el karma genera mente. El intelecto, a través del discernimiento, la aceptación y el desapego del resultado de la acción, propone un cambio de diagnóstico en la vida diaria más allá de toda tendencia o impronta.

El hombre es el karma de la mujer

La mujer, a través del embarazo, ha transmitido años de tortura, mutilaciones, violaciones, sufrimientos y muerte, causados por el hombre.

Desde el comienzo de la humanidad, el hombre ha tratado a la mujer como su propiedad, para servirlo como un objeto sexual, o un artefacto doméstico; por eso siempre fue peor visto y mucho peor juzgada la infidelidad femenina (las quemaban vivas, las mataban a piedrazos... aún hoy, en muchos lugares), pues en el inconsciente del hombre era una violación de su propiedad.

No se puede amar a quien se teme.

El exagerado sentido de tradición familiar, religión o de posesión, conlleva una merma en la capacidad de elección y discernimiento.

El hombre ha hecho a la mujer a su idea, obligándola a pensar como un hombre (hay mujeres mucho más machistas que el hombre).

La proyección de la sombra en la mujer se manifiesta por la gran carga que lleva, memorias de abusos y violaciones, dolor y sufrimiento. Todo ello sin poder expresarse y guardado en la memoria ancestral hasta hoy.

La mujer ha sido relegada como algo secundario y esto se ha anclado en la psique como "no ser merecedora". El hombre le inculcó un pasado puritano y ahora ve un presente artificial. Ahora (¡era hora!) se está rompiendo ese yugo, hoy la mujer está libre; ya puede no hacer lo que no quiera hacer.

Volviendo al karma sin habernos ido, vemos que en el samskara el pasado está activo en el presente en orden o información plegada, implícita.

Purusha tiene registros akáshicos que modifican la prakriti, la dosha. Determinismo o libertad, karma o intelecto.

La visualización y comprensión de la prakriti de estos samskara (biodecodificación), puede llegar a re modificar la purusha. Y claro que también puede empeorarla; muchas veces la comprensión y no digestión de ese karma, puede generar más karma.

Entonces encontramos que podemos mencionar un karma personal, un karma familiar, un karma colectivo, un karma cósmico, un karma orgánico, un karma compartido, karma en las relaciones, karma en el trabajo, karma en la vocación y claro que también existe el karma de la recompensa, el karma del mérito, el karma de la gracia.

Sanathana dharma

La noción de sanatana dharma es una de aquellas leyes (filosofías, escuelas, doctrinas) de las que no existe un equivalente exacto en Occidente, ya que parece imposible encontrar un término que la exprese claramente y bajo todos sus aspectos. Sanathana en sánscrito significa "siempre", "eterno", "perpetuo" y, en efecto, el término implica una idea de duración, es el eterno orden moral. Dharma viene de la raíz dhr, como dhatu, que nutre, sostiene; dharma es el sustento de todas las creencias filosóficas. Es más, la ley del karma es una de las leyes del dharma. Dharma es la acción correcta, con desapego, sin importar el resultado de la acción, la que no genera karma. Claro que desapego no es indiferencia.

Dharma sería el objetivo, el deber, o qué es lo que uno vino a hacer en esta vida para poder transitarla en armonía. Dharma son también las leyes universales de gravedad, biológicas, fisiológicas, mentales.

La ley del dharma es una escala de valores éticos; por ejemplo, al cultivar no violencia (ahimsa), mi respuesta siempre será pacífica; o sea, mi sentido de lo apropiado e inapropiado posará sobre una matriz de norma de conducta pacífica.

Budha también promulgaba el dharmapada (o dhammapada): el camino del dharma, el sendero de la realización interior. Mencionaba con especial interés aquellos desequilibrios que ocurren por tener conocimientos falsos.

Yo lo llamo distinto diagnóstico, cuya palabra significa ir más allá del conocimiento. Acorde a cómo diagnostiquemos (gastritis, amor, dios, familia, religión, pareja) ese será nuestro tratamiento. Y si el diagnóstico está errado, pues el tratamiento siempre estará mal. Yo siempre digo la gastritis no está en la panza sino en la mente... pero uno toma antiácido, no cambia. Entonces, luego con la pastilla ya no tiene más gastritis, pero ahora tiene hipertensión, problemas de piel, está con bruxismo... o se tornó violento, lo único que hace es re direccionar la causa a otra parte.

La acción dhármica, entonces, es la más cercana a la naturaleza, que no pasa por el pensamiento de la mente sino por el intelecto o la sabiduría de la conciencia.

Ahora, parece, debemos cambiar lo que heredamos como diagnóstico mental–emocional de lo que es amor, familia, religión, rituales, enseñanza, etc., a un diagnóstico intelectual, más profundo y certero.

El dharma es la otra cara de la moneda del karma.

Hay leyes para poder vivir en libertad y no molestar a nadie, los hindúes señalan que debe hacerse a través del dharma, con valores apropiados y para ello es necesario un profundo intelecto.

Nuestra vida está condicionada por atracción/aversión (raga/dvesha) y no por el dharma. Para los Veda, si cultivamos el dharma, esa atracción o placer se transforma en vibraciones ennoblecidas. Según el dharma mis atracciones o aversiones no son más el factor decisivo de mi vida, mi elección nace de lo adecuado a través de mi entendimiento de las leyes universales.

Los valores del dharma son universales pero no absolutos. Dependen del contexto, la época, la situación, etc.

Existe el dharma universal (samanya), el dharma de una raza, de un pueblo y el personal (vishesha). Mi dharma (svadharma) será acorde a la época en que nací, dónde, mi familia, mi situación, etc.

Una de las causas de mayor alimento de la enfermedad, es la inflexibilidad en la creencia condicionada, esa rigidez kármica que impide cambiar.

En cambio, cuando uno vibra con svadharma, con su propio dharma, con lo que vino a hacer... el trabajo no es trabajo; uno no hace la actividad, esta sale sola, la acción maneja.

V
Los dosha también son un karma

Los Guna

Los Veda (literalmente, sabiduría, conocimiento, en sánscrito) son los cuatro textos más sagrados y milenarios de la
literatura hindú, religión más común de la India.

Los tres primeros son los más antiguos, sobre cánticos,
rituales, sacrificios: Rig-veda , Jáyur-veda y Sama-veda,
luego se sumó el Atharva-veda; este último, el más prác-
tico, del cual deriva el Ayurveda.

Los Veda siguen la filosofía Samkhya que indica que
toda la naturaleza o prakriti está formada por los tres guna
(sattvas, rajas y tamas) y los cinco elementos, que no sólo
conforman los biotipos sino todo lo existente en el universo.

Por el lado de los gunas, vemos que sattvas es equilibrio, pureza, brillo, bondad, conciencia, amor, paz; rajas es fuerza hacia afuera, trabajo, deporte, stress, competencia; y tamas es materia, resistencia y, a nivel mental, también es ignorancia, negación, violencia. Todos los objetos en el universo dependen de la variada combinación de estas tres fuerzas sutiles, que incluso forman a los cinco elementos.

- Sattvas: inteligencia, imparte equilibrio, pasividad. También estado in manifiesto.

- Rajas: energía, movimiento, causa desequilibrio. Fuerza electromagnética.

- Tamas: sustancia, crea inercia. La más poderosa de las tres. Unión, pegamento, materia. Fuerza nuclear fuerte, de gravedad.

De rajas-tamas salen los cinco elementos básicos, ellos son espacio, aire (verlo también como viento), fuego, agua y tierra, y se manifiestan en el cuerpo humano como tres fuerzas llamadas doshas. Los tres doshas son fuerzas sutiles que dan lugar a tres procesos fundamentales encontrados en la naturaleza: creación, conservación–unión, muerte o transformación.

Así, el elemento espacio permite los estados de la materia como líquido (agua), sólido (tierra) y gaseoso (aire) y el fuego, elemento con el poder de transformar de un estado al otro. El elemento fuego digiere agua, tierra, aire y al fuego mismo.

Las diferencias observables entre los distintos individuos, según el Ayurveda, se deben al predominio de los distintos componentes de este mundo físico, vegetal y animal que lo constituye.

Estas diferencias no sólo se refieren al campo de lo fisiológico y metabólico sino que también afectan al mundo de los sentidos y la mente.

Surgen entonces los conceptos de macro y micro cosmos. El Ayurveda habla de un equilibrio en el orden de los factores que componen a cada individuo, intrínsecamente relacionado con el equilibrio en el orden de las diferentes interacciones de cada ser humano con los elementos físicos, biológicos y sociales en el que está sumergido.

Entonces como fuerza, arquetipo o tendencia, el Ayurveda correlaciona los biotipos con el microcosmos y así distingue tres formas de ser (con sus múltiples combinaciones) no sólo para sistematizar los biotipos que configuran la raza humana sino, asimismo, para sistematizar los desequilibrios.

Estos mismos elementos, en realidad, son fuerzas, arquetipos, tendencias, predisposiciones… karma.

La medicina Ayurveda fue la pionera en sostener que cada individuo posee su propia composición elemental. Luego Hipócrates continuó este enfoque con la teoría de los humores.

Dichas fuerzas surgen de la abstracción y conceptualización de las cosas, capturando su esencia; basado en estos conceptos simbolizan esa conceptualización en fuerzas o cualidades llamadas elementos.

La relevancia de dichos elementos no es el elemento en sí, sino sus características, que se corresponden tanto para el macro como para el microcosmos.

Los cinco elementos

Elemento Espacio (akasha, dik)

- Akash (dik) o Espacio: es todo lo que sea espacio, boca, nariz, oído, canales, colon, sinapsis.

- Es en el espacio donde se producen los sonidos. El espacio o dik es libertad, paz, expansión, es la actual sopa cuántica en la cual todos estamos inmersos y diluidos. Es paradójico, existe y a la vez no existe, como lo cuántico. Es donde se desarrollan los demás elementos, el lugar sináptico, donde experimentamos el amor y la pasión. El espacio interno o mental da la quietud, la paciencia, el arte, la intuición y tolerancia.

- Es, como siempre, el elemento que permite que los demás actúen; si no hay espacio, no hay posibilidad de nada.

- No tiene existencia física.

- Es el elemento donde se desarrollan los demás elementos.

- Es el elemento que diferencia los objetos.

- Está unido al tiempo, aquel que tenga espacio tendrá más tiempo, y viceversa.

- Es el más sutil de los elementos (el más denso es el elemento Tierra).

- Es también el espacio sináptico.

- Gracias al espacio son posibles los movimientos (akasha–vayu).

- Energía Nuclear.

Elemento Aire (vata, vayu, prana)

- Todo lo que sea movimiento, el sistema nervioso, la piel, la circulación, la respiración y el tacto como sentido.

- La conducción, el transporte, la eliminación de desechos.

- Este elemento, en equilibrio, representa la frescura, la creatividad, los pensamientos, la voluntad.

- El aire (verlo como viento) es la existencia sin forma.

- El aire mueve, ergo, cambia las cosas continuamente

- Es el Prana, la energía vital, una de las tres esencias vitales (más agni y ojas, ver luego) que mantienen, precisamente, la vida.

- Energía eléctrica.

Elemento Fuego (agni, tap)

- Todo lo que sea metabolismo, su órgano sensorial es la vista.

- Es la digestión, absorción y asimilación.

- Digestión física y mental

- Representa la inteligencia, la atención, el reconocimiento, la agudeza.

- El fuego es la forma sin sustancia, está relacionado con agni, la segunda esencia vital.

- El fuego (como enzimas) transforma, muta de una sustancia a otra.

- El fuego es el Sol, el hombre.

- Energía calórica.

Elemento Agua (jal, apa, udaka, kleda)

- Secreciones de jugos gástricos, saliva, sudor, orina, citoplasma celular, fluidos.

- Su órgano sensorial es el gusto (con la boca seca no sentimos nada).

- Correlacionado con sentimientos de alegría, unidad, amor, fe y compasión.

- Agua es alimento y amor.

- El agua es la sustancia sin forma, se adapta al molde

- El agua es el elemento más misterioso de todos, da la vida, la emoción, la memoria, el amor, la tolerancia. Puede aumentar o bajar la temperatura (naturopatía). Agua es soma, Luna, mujer.

- Interactúa con ojas, la última esencia.

- Energía química.

Elemento Tierra (bhumi, pritvhi)

- Sostiene todas las sustancias, es músculo, hueso, tendones, cartílago. Su órgano de los sentidos es el olfato.

- Es la quietud, la estabilidad, la serenidad, la seguridad y la comprensión.

- La tierra es la forma con sustancia, la tierra es completamente densa y no permite o limita el movimiento.

- Energía física o mecánica.

- Según la teoría ayurvédica por lo dicho, los seres humanos razonamos igual que la naturaleza, ya que somos parte de ella.

- La clave, entonces, es darle al organismo las técnicas y el conocimiento para que encuentre la salud por sí mismo, ayudándose con esta inteligencia de la naturaleza.

Los Dosha: Vata, Pitta y Kapha

Para el Ayurveda, cada ser humano pertenece a un arquetipo, fuerza, o tendencia, llamada dosha. Aunque en realidad la traducción del sánscrito de esta palabra es "desequilibrio", "crimen", "tendencia", "muerte", "oscuridad", etc. Por eso uno puede presuponer que dosha es karma también, ya que es una tendencia hacia cierto desequilibrio. Deriva de la raíz dis: "defecto", "imperfección", "mala calidad" (dis: disnea, disartria, dislocado, etc.). Los dosha son más que biotipos o tendencias ya que son fuerzas o vibraciones traducidas en fisiología, mente, biotipos, climas, edades, animales, lugares, e inclusive horas del día.

Dosha en el ser humano es desequilibrio, dosha es rajas, tamas, y karma; cuando el dosha está en equilibrio (sattvas) pasa a ser un dhatu, un tejido que nutre, ya deja ser dosha para el cuerpo.

Ante un mismo estímulo, esos dosha reaccionan de distintas maneras, impulsados por los mismos humores.

Conociendo el dosha individual se descubre el porqué de las reacciones, a qué desequilibrios está uno más propenso, cómo prevenirlos y, en definitiva, qué impronta esa fuerza dejará en la vida del individuo.

Son tres, entonces, los dosha principales, sistematizados en Vata, Pitta y Kapha acorde a su herencia, la vida de la mujer durante el embarazo, el momento de concepción, la constitución de los padres.

Desde ya, no existe un mejor dosha que otro. Es más: el mejor dosha es el que nos tocó, sin dudarlo, sólo hay que llevar el dosha a lo sáttvico.

Todo ser viviente posee parte de los tres dosha (ergo, de los cinco elementos), ya que de lo contrario sería incompatible con la vida, lo que varía es la proporción de sus fuerzas elementales y la interrelación entre las mismas

Si bien todo ser humano posee estas cinco fuerzas elementales, se agrupan o predominan de a pares para configurar cada biotipo.

- **Vata** está formado por principalmente o mayoritariamente por los elementos Espacio y Aire, y es representado por la energía eólica.

- **Pitta**, principalmente formado por Fuego y Agua, representado por la energía del sol

- **Kapha** (o Kapha) principalmente formado por Tierra y Agua representado por la energía de la luna (y el agua).

Los elementos deben ser visto como las cualidades del mismo. Así, la cualidades del elemento Espacio son libertad, da lugar a los demás elementos y la capacidad de moverse, crear, expandirse, fundirse con el todo, apertura; el Aire (o viento) es móvil, liviano, seco, frío, errático, irregular, ágil, el Fuego presenta características como agudo, caluroso, luminoso, transformador, incluso violento, el Agua es amor, emoción, sabor, química, paciencia, tolerancia, flexibilidad, unión pero también apego, la fuerza Tierra presenta cualidades como dura, pesada, estable, segura, firme, confiable, etc.

Los dosha se crean según la herencia, la vida de la embarazada durante el embarazo, su AVD (actividad de la vida diaria), el momento de concepción, la constitución de los padres (todos tenemos parte de los tres dosha).

Es importante aproximarnos un poco a saber nuestro dosha, así luego podemos jugar un poco más, uniéndolos con distintas vibraciones y sensaciones.

Descubriendo el Dosha

Son cuatro los aspectos que se contemplan para diagnosticar un Dosha (abajo va un breve cuestionario) que se pueden reducir en tres cuerpos, anatómico (deha sharira), fisiológico (kriya sharira) y mental (manas sharira):

Por un lado está la **Estructura Física**, donde se ve si se es bajo, ancho, delgado, como son las musculaturas y las articulaciones. Así, los Vata con su aire tienden a ser delgados, livianos, móviles, altos o bajos, con articulaciones prominentes y crujientes. Los Pitta con su fuego son de complexión moderada, peso y tamaños moderados mientras que los Kapha con tierra y agua son los más fornidos y resistentes, con tendencia al sobrepeso.

Luego están los **Caracteres Físicos**, tipo de piel, dientes, pelos, ojos, labios, uñas, lengua, etc. Los Vata tienen piel áspera y seca, uñas y dientes quebradizos, ojos pequeños, son de apetito variable y de mal dormir. Pitta son más rubios, pelirrojos o claros, tienen piel suave y clara, buen apetito y mucha sed, duermen poco y bien, están en el medio, digamos entre Kapha y Vata.

Kapha tiene la estructura más sólida, firme, dientes claros, ojos grandes y oscuros, al igual que el pelo que es grueso y oleoso, además, son de mucho dormir.

Tercero para poder diagnosticar un Dosha, encontramos a la **Fisiología**, o función normal del metabolismo. Fisiología al igual que la palabra "física", viene del griego physis, y significa "naturaleza", "acción natural", "normal", "común".

Fisiológicamente Vata, que como es aire–espacio, y por lo tanto tiene tendencia a tener gases, constipación, es seco, irregular y con ruido en las articulaciones, Pitta que es fuego, tiene tendencia a la bilis, úlceras, gastritis y fuego en la piel y los ojos. Kapha que es tierra y agua, tiene tendencia a edemas, estancamientos y congestiones, alergias, obesidad; lo parecido incrementa a lo parecido (si uno tiene fiebre y se pone al sol del verano al mediodía, el calor corporal aumentará, y más aún si es Pitta).

En invierno, todos tenemos frío en los pies, pero mucho más los Vata que de por sí tienen frío. En verano todos tenemos calor, pero Pitta lo sufre más. En primavera todos podemos tener alergias, pero más los Kapha.

Cuarto está el **Aspecto mental**, donde encontramos por un lado cómo nuestro comportamiento está impulsado por la naturaleza de nuestro elemento principal y por otro lado por los atributos llamados Gunas, clasificados a su vez en Sáttvico, Rajásico, y Tamásico.

Estos tres nombres también son atributos para una actitud, un pensamiento, un alimento, recordemos lo Sáttvico como lo espiritual, puro, limpio, concentrado, sano, energético, que perdona, que da, es honesto, no bebe ni fuma, tiene amor universal. Lo Rajásico es lo exterior, vivir hacia fuera, el dinero, el poder, la hiperactividad, el estrés. Lo Tamásico es la inercia, el alcohol, las drogas, lo sucio, denso, pesado, oscuro.

Con respecto a los alimentos, los Sáttvicos son las frutas, vegetales, granos, legumbres, leches, ghi (manteca clarificada), nueces; los alimentos rajásicos son quesos, azúcar blanca, carnes, pescado, frutas envasados, enlatados; y los tamásicos son las comidas fastfood, rápidas, congeladas, las carnes con hormonas (ej: pollos de los supermercados), chorizos, hamburguesas, embutidos, alcohol.

Volvamos a los Dosha y sigamos interconectando. Entonces, cualquier dosha puede estar en equilibrio, presentando sus mejores cualidades, esto es sáttvico; cuando el dosha está híper activo es rajásico, cuando explotó o se hunde, tamásico

Veamos algunas características más de cada uno, empujados por el elemento principal del dosha.

Tendencias kármicas Vata, empujadas por el aire

1. Mis acciones y mis pensamientos son rápidos.

2. Me es difícil memorizar y también recordar las cosas más tarde.

3. Soy alegre y entusiasta por naturaleza. Soy creativo.

4. Tiendo a ser de complexión delgada y casi no subo de peso.

5. No tengo una rutina establecida en cuanto a mis horarios para comer y dormir.

6. Mi caminar es ligero y rápido.

7. A veces me es difícil tomar decisiones.

8. Mi digestión es irregular, con gases e inflamación del estómago.

9. Mis pies y manos tienden a ser fríos.

10. Si estoy bajo estrés, tiendo a preocuparme y sentir ansiedad.

11. No tolero el frío, aunque me gusta.

12. Me gusta lo seco pero me incrementa.

13. Cambio de humor fácilmente y soy muy sensible y emocional.

14. Tengo dificultad para quedarme dormido y despierto fácilmente.

15. Mi piel y mi cabello tienden a ser secos y quebradizos. Mis uñas también.

16. Tengo una mente activa con tendencia a ser inquieta.

17. Mis movimientos son rápidos y mi energía me llega en ráfagas, como el viento.

18. Me excito fácilmente.

19. Como rápido y termino antes que los demás y mis hábitos de alimentación son irregulares.

20. Aprendo rápido pero olvido rápido. No me aferro a nada.

Tendencias kármicas Pitta, prendidas por el fuego

1. Soy perfeccionista y metódico, me considero eficiente.

2. Desarrollo mis actividades con orden y precisión.

3. Soy de carácter firme y actitud enérgica. Determinante.

4. Me incomoda el calor más que a otra gente, aunque a veces disfruto de él.

5. Me gusta el deporte y la competencia en todo sentido.

6. Aunque a veces no lo demuestro, me irrito y enojo fácilmente.

7. Si no como en mis horas establecidas, me enojo.

8. Mi cabello muestra canas prematuras, es delgado, tiende a ser rojizo o rubio.

9. Tengo buen apetito y puedo comer mucho si lo deseo.

10. Muchas personas me consideran terco.

11. Soy muy regular en mis evacuaciones.

12. Cuando me presionan, soy impaciente y me irrito fácilmente.

13. Tiendo a ser perfeccionista y no tolero los errores.

14. Tiendo a enojarme fácilmente pero fácilmente olvido.

15. Me gustan mucho las bebidas y la comida fría, especialmente los helados.

16. Siento más calor que frío.

17. No tolero la comida muy condimentada ni picante.

18. No soy tan tolerante a los desacuerdos como debería ser.

19. Disfruto los retos, y cuando quiero algo, tengo una actitud determinante para lograrlo.

20. Mi pensamiento es crítico, soy bueno para debatir y discuto un punto con fuerza.

Tendencias kármicas Kapha, sumergidas en agua

1. Mis actividades las realizo lentamente. Mi fisiología (funcionamiento normal del cuerpo, a diferencia de patología) es lenta.

2. Tiendo a subir fácilmente de peso y me cuesta trabajo bajarlo.

3. Tengo una buena y plácida disposición, difícilmente pierdo los estribos.

4. No me siento mal si no como uno de los tres alimentos diarios.

5. Tiendo a tener sinusitis crónica, asma o flema excesiva.

6. Duermo ocho horas o más, y sin embargo, me cuesta trabajo empezar la mañana.

7. Mi sueño es profundo, me gusta la siesta.

8. Soy una persona calmada y no me enojo fácilmente.

9. Me cuesta un poco de esfuerzo aprender algo nuevo, pero luego retengo muy bien la información.

10. Tiendo a retener grasa en el cuerpo.

11. El clima frío, húmedo o nublado me molesta.

12. Mi cabello tiende a ser grueso, oscuro y ondulado.

13. Mi piel es pálida, fría y tersa.

14. Mi complexión es sólida y robusta.

15. Lo siguiente me describe muy bien: sereno, dulce, cariñoso y de perdonar fácilmente.

16. Mi digestión es lenta y me siento pesado después de comer.

17. Mi calidad de energía es constante, tengo buen nivel de fuerza y mucha resistencia física.

18. Generalmente camino despacio y alegre.

19. Tiendo a dormir de más, a despertar un poco mareado y tengo pereza al empezar el día.

20. Como despacio y soy metódico.

Vata se relaciona con las glándulas Pineal e Hipófisis. Pitta con las digestivas y Kapha con las reproductoras. Vata es viento, se mueve; Pitta es fuego, transforma; Kapha es agua, une.

Estas acciones las hacen dentro y fuera del organismo. Son necesarias para vivir. Todos tenemos en mayor o menor proporción, parte de los tres. Son imprescindibles.

El Vata será, entonces, más nervioso, aprende rápido pero olvida rápido también, no le interesa mucho la competencia, es más hiperkinético, es veloz para actuar, con cambios frecuentes de humor, interés por la música y el arte. Muy creativo. Su desequilibrio lo vuelve temeroso, miedoso, nervioso, con tendencia al insomnio, preocupado e inquieto. No es muy observador, tal vez por tener una vida interior muy animada y siempre con saltos de una idea a otra.

El Pitta es más penetrante e inteligente, más competitivo y deportivo, más concentrado y agudo en sus comentarios, tiene una visión más clara de las cosas. Su desequilibrio le produce ira, cólera, es híper crítico con los demás, irritable, ambicioso y exigente.

El Kapha es más sereno, tolerante, dulce y amistoso. Aprende lento, pero una vez que aprendió no lo olvida más, tiene buena memoria, es metódico. Su desequilibro lo vuelve inerte, lento, avaro, posesivo, testarudo y depresivo.

Cuestionario dosha

Veamos un cuestionario rápido, pero primero algunas indicaciones: Ser un observador sincero y objetivo. Juzgarse como uno es y no como te gustaría ser. Buscar rasgos permanentes. Existen numerosos cuestionarios para realizar y ubicarnos en qué dosha estamos, vamos con uno. Contrastar las observaciones con algún familiar o amigo que te conozca bien.

Tomarse tiempo para responder; tratar de estar en un momento de calma y de no tener que interrumpir el trabajo.

Si no se encuentra respuesta en algún tópico, dejarla y se puede retomar en otro momento, la información es para ayudar a entender la constitución.

Considerar el ejercicio del cuestionario como un aprendizaje. Conviene usar use lápiz para contestar.

Para cada elemento, marcar con un guión la descripción dóshica que mejor describe cómo es o cómo ha sido. Si se duda entre dos descripciones, se pueden marcar las dos. Si se detecta una fuerte influencia secundaria, marcarla con una cruz. Saltear los elementos que no se pueden saber (por ejemplo, fertilidad).

Contestar los cuestionarios desde la perspectiva del nacimiento. O sea, nuestra llamada naturaleza o prakriti, que es cuando nacimos (algunas cosas se infieren o le preguntamos a mamá, si está). Si lo hacemos desde la perspectiva actual, lo haremos desde la vikriti, o sea nuestro desequilibrio.

Se llama tridóshica a la persona cuya diferencia entre Vata–Pitta–Kapha es menor al 15%, Bidóshica (los más comunes) cuando la diferencia entre los dos primeros es menor al 15% y Unidóshica o dosha simples cuando los dos dosha restantes están a más del 15% del dominante.

Por lo general, somos todos dosha combinados y, desde ya, no existe un dosha mejor que otro. Y al decir que somos dosha combinados estamos hablando de los elementos que prevalecen, recordemos que todos tenemos los tres dosha (y, por ende, los cinco elementos) si no, no podríamos vivir.

Allá vamos, cada característica dosha la podemos ver como karma (ya sea positivo o negativo).

ANATOMÍA – FISIOLOGÍA			
	Kapha	**Pitta**	**Vata**
Contextura física	Grande	Mediana	Pequeña
Peso actual / peso	Fácil de aumentar, difícil de bajar	Normal	Bajo, difícil de aumentar
Tamaño corporal	Estructura proporcionada	Mediano	Delgado, Alto o muy bajo
Fuerza	Excelente, fuerte, firme	Promedio, buena	Poca
Resistencia	Excelente	Buena	Poca
Aspecto de venas y tendones	No se notan	Menos prominentes	Prominentes, salientes, nudosas

ANATOMÍA – FISIOLOGÍA			
	Kapha	**Pitta**	**Vata**
Articulaciones	Carnosas y bien cubiertas. Grandes. Lubricadas	Normales, bien proporcionadas. Suaves/ laxas	Crujen. Salientes y nudosas
Color de la piel	Tinte oscuro	Pálido amarillo	Pálido claro
Tipo de piel	Gruesa, oleosa	Suave, lustrosa. Muchos lunares	Áspera, seca. Arrugada
Temperatura corporal	Fría	Cálida	Más fría (poca circulación)
Transpiración	Mediana, aun sin hacer ejercicio	Abundante	Poca o mínima
Olor corporal	Poco	Mucho, ácido	Ligero o sin olor
Pelo	Grueso, tupido. Oleoso. Castaño oscuro	Fino, rubio o cobrizo. Áspero al tacto	Marrón o cobrizo. Fino. Crespo o rizado
Crecimiento del pelo	Quebradizo	Calvicie precoz/ Canicie precoz	Crespo
Uñas	Suaves	Amarillas o parduzcas	Duras o secas
Frente	Ancha	Mediana o normal	Angosta
Forma de la cara	Ancha, plena, redondeada	En forma de corazón, con mentón marcado	Alargada, angulosa, mentón poco desarrollado

ANATOMÍA – FISIOLOGÍA		
	Kapha	Pitta	Vata
Labios	Gruesos, carnosos	Normales, rosados o colorados	Finos, estrechos, ásperos o tirantes
Tipos de ojos	Blancos, grandes, húmedos	Amarillos. Se enrojecen con el sol, la ira o el alcohol	Oscuros, chicos, secos y móviles.
Color de ojos	Azules o castaño claro	Azul claro, gris claro, avellana	Oscuros, marrones o grisáceos
Forma de ojos	Grandes, saltones, anchos	Normales, párpados delgados y pequeños	Pequeños, estrechos o hundidos. Tristes o melancólicos.
Brillo de ojos	Atractivo	Intenso	Apagado
Dientes	Tamaño normal o grandes, blancos, encías carnosas	Tamaño mediano, amarillentos	Ásperos, irregulares, rotos, encías descarnadas
Boca	Grande	Mediana	Pequeña
Forma de caminar	Pasos largos y medidos, caminata lenta	Normal	Rápido, con pasos movedizos. Hábito de vagabundear
Voz y lenguaje	Conversación mesurada, voz clara y resonante. Lenta	Agudo, claro, preciso	Baja, débil, con interrupciones. Se atropella al hablar. Discutidor

ANATOMÍA – FISIOLOGÍA			
	Kapha	**Pitta**	**Vata**
Hambre/ Apetito	Escaso. Prefiere las comidas y bebidas calientes.	Importante. Prefiere las bebidas y comidas frías	Irregular. Moderadamente calientes
Necesita de sabores	Picante, amargo, astringente	Amargo astringente y dulce	Salado, ácido, dulce
Preferencias de Temperatura	Le molesta el frío	Le encanta el frío. Incapaz de tolerar el calor.	Añora el calor. Incapaz de tolerar el frío.
Movimiento intestinal y diuresis	Eliminación lenta copiosa y pesada. Orina normal.	Deposiciones desligadas. Orina abundante	Tendencia a la constipación y heces duras y secas. Orina escasa
Sueño	Profundo	Reparador pero corto	Ligero, irregular, alterado, escaso, rechinando los dientes o con ojos semi abiertos
Tipos de sueños	Lagos, naturaleza, pájaros. Agua y seres queridos	Llamas, objetos brillantes, fuego, oro, animales. Peleas y hechos violentos	Viajes, viento, volar. Monstruos. Correr
Nivel de actividad	Apático	Moderado	Siempre haciendo muchas cosas. Agitado

ANATOMÍA – FISIOLOGÍA			
	Kapha	Pitta	Vata
Deseo sexual	Lento, prolongado, mantiene la pasión. Se permite excesos sexuales.	Fuerte en deseos y acciones	Intenso, pasajero, fantasea. Tal vez sea el que menor interés sexual tiene.
Fertilidad	Buena	Mediana	Baja

Aspectos mentales

	Kapha	Pitta	Vata
Actividad mental	Calma, constante, serena, estable	Aguda, punzante, agresiva, perfeccionista, eficiente	Rápida, permanente, activa, imaginativa, clara, alerta
Pensamiento	Tranquilo, lento, buen organizador, no se lo puede apurar.	Preciso, lógico, planea bien y concreta sus planes	Superficial, con muchas ideas. Dificultad en concretar
¿Cómo es su humor?	No cambia	Cambia brusco, se incendia	Cambia frecuentemente
¿Cómo es su paciencia y tolerancia?	Muy paciente y tolerante	Impaciente e intolerante	Impaciente y poco tolerante
¿Cómo es con sus amistades?	Amistades duraderas	Conducta liberal hacia las amistades	Cambio frecuente de amistades

	Kapha	Pitta	Vata
Creencias profundas	Creencias firmes y profundas que no cambian con facilidad	Convicciones extremadamente firmes capaces de gobernar sus actos	Cambia las creencias con frecuencia según su último estado de ánimo
Aprendizaje	Aprendizaje lento. Acción lenta	Aprendizaje moderado. Acción moderada	Aprendizaje rápido. Acción rápida
Memoria	Buena memoria a largo plazo	Moderada. Buena y rápida	Mala. Falta de memoria u olvida con facilidad
Trabajo	Asistencial, servicios	Intelectual	Creativo
Estilo de vida	Constante y regular, quizás anclado en una rutina	Ocupado, aspira a mucho	Errático
Estado financiero	Excelente. Gana y gasta con moderación. Ahorra más de lo que gasta	Gana mucho y gasta mucho.	Gana poco y gasta mucho
Interesado en artes, deportes o decoración	Poco interés	Muy interesado	Sin interés.
Tendencias emocionales y carácter	Codicia, posesividad, apego, difícilmente irritable, afectuoso, tranquilo, de naturaleza dulce	Ira, arbitrariedad, fácilmente irritable, le gustan los desafíos, resuelto, competitividad	Temor, inseguridad, ansiedad, fácilmente excitable, tiene entusiasmo, vivacidad, locuaz

Esto es la tendencia dosha a nivel mental, recordando que a este nivel ya no se habla de dosha sino de guna, y que estos siempre están en constante intercambio. Nadie es 100% sáttvico o tamásico. Lo cierto es que estamos todos muy rajásicos en la urbe.

Veamos, entonces, esta posible cruza de tendencias kármicas y posibilidades:

Kapha Sáttvico

Pacífico, calmo, estable, animoso, contento, tolerante, paciente, devoto, receptivo, leal, perdonador. Es un escucha y un "opinador" a demanda perfecto. Memoria y resistencia admirables.

Kapha Rajásico

Controlador, orgulloso, testarudo, materialista, necesidad de seguridad, búsqueda de confort y lujuria. Codicioso, terco. Su apego lo lleva a "engancharse" a la otra persona.

Kapha Tamásico

Apático, depresivo, aletargado, inerte, ladrón, poco comprensivo, insensible. Avaro, obtuso, no acepta cambios. Adicción a los dulces tipo chocolates, tortas, medialunas.

Pitta Sáttvico

Inteligente, claro, preciso, discriminativo, perfeccionista, guía, líder, corajudo, amigable. Gurú (el que aclara la oscuridad). Catedrático, investigador, deportista, noble, juicioso.

Pitta Rajásico

Impulsivo, ambicioso, agresivo, controlador, dominante, hipercrítico, orgulloso, vano, soberbio, competitivo, voyeurista. Compara, opina, se burla, menosprecia, descalifica.

Pitta Tamásico

Odioso, vil, iracundo, destructivo, psicópata, infatuación criminal, traficante de drogas, violento, violador. En este estado Pitta está "ciego de ira". Adicciones como el alcohol (ácido y fermentado) e inyectables (directo a sangre, bien pitta).

Vata Sáttvico

Energético, adaptable, flexible, rápido en comprender, creativo, con entusiasmo, sentido de la humanidad, iniciador, emprendedor. Abre puertas y caminos, es veloz y vital (prana).

Vata Rajásico

Indeciso, poco creíble, fantasioso, ansioso, agitado, vive cansado, superficial. No puede parar de hablar, ni puede dormir bien por el viento. Se queja de los dolores al principio, y luego de todo.

Vata Tamásico

Miedoso, servil, deshonesto, auto destructivo, adicciones, perversiones sexuales, disturbios mentales. Adicciones como tabaco, drogas psicodélicas como LSD y marihuana (aire, humo).

Más de los dosha

Sigamos armando el cuadro con más características kármicas de los elementos en los doshas:

Kapha

Kapha (*moco, flema*): conformado principalmente por los elementos Agua y Tierra es de cualidades estable, resistente, frío, estático, firme, pesado, confiable, duradero, oleoso, no cambiante, tranquilo, terco, etc. Anabólico por naturaleza, creador del cuerpo, su unión y mantención. Ordenado, no cambiante, rutinario, familiero, tradicional, resistente, gran poder de escucha, fornido, se enferma muy poco. Inteligencia lenta pero estable y progresiva, con óptima memoria y capacidad de concentración. Tendencia a depresión, terquedad, obesidad, avaricia, apego, dormir de más.

Kapha posee digestión lenta por lo que es el que menos alimento necesita y requiere. Le gusta organizar. Protege y lubrica los movimientos de Vata. Vata domina la región pelviana hacia abajo, Pitta la región abdominal y Kapha del pecho y los pulmones a la cabeza. Vata y Kapha, si bien aparecen como opuestos, (uno promueve el movimiento, el otro la estabilidad) actúan siempre en conjunto, Kapha lubrica y ayuda a los movimientos de Vata (líquido sinovial en las articulaciones, mielina en los nervios, vapor de agua o tensión superficial en los pulmones).

Pitta

Pitta (*bilis*): conformado principalmente por los elementos Fuego y Agua (lo cual lo hace ácido) será caliente, penetrante, preciso, agudo, energético, cocedor, con poder de digerir y transmutar, iluminador, líder, inteligente, quemante, violento, etc. El agua permite al fuego actuar (ej: jugo gástrico) sin incendiar.

Pitta requiere alimento cada tanto, con atmósfera fresca a fría y un trabajo donde pueda pensar y actuar. No con químicos ni cerca del calor (cocinero, por ejemplo)

Cultos y pensantes, no toleran el hambre o la sed. Son catabólicos y ayudan al anabolismo de Kapha.

Son elegantes, atléticos y aman los cuerpos atléticos, las cosas refinadas, las películas, leer, ver cuadros y pinturas y todo lo que entre por los ojos. Es alegre y muy sanguíneo, pasional. En desequilibrio, opinan aunque no se lo pidan, crítica, ira, competitividad, egolatría, no pide perdón.

Vata

Vata (*viento*) recordamos que, si está formado principalmente por Espacio y Aire, será de cualidades móviles, rápidas, expansivas, frías, secas, en ráfagas, cambiante, abiertas, livianas, sin rumbo fijo, con alternancias, impredecible, limpiador o ensuciador, impalpable sin forma, etc. Su sequedad es producto del movimiento. Vata se mueve y habla mucho, y el hablar es un movimiento que seca.

Vata requiere un trabajo en el cual la atención no deba ser permanente, no extenuante físicamente y sin aire acondicionado.

Es catabólico por excelencia, gusta de empezar las peleas pero no de participar en ellas; luego, son los menos creyentes y los únicos móviles. Se entusiasma muy fácilmente, ama la aventura y está siempre en movimiento. Inteligencia veloz y flexible. "De inimaginable poder, jefe de los humores y también rey de todas las enfermedades" (*The Roots of Ayurveda*, de Wujastyk).

El viento es el tiempo porque el viento mueve cosas en el espacio y espacio tiempo es uno solo; entonces si mueve cosas en el espacio mueve cosas con el tiempo; el viento produce desgaste y degeneración

Los ritmos circadianos

En la biología, los ritmos circadianos (del latín circa, que significa "alrededor de" y *dies*, que significa "día") o ritmos biológicos son oscilaciones de las variables biológicas en intervalos regulares de tiempo.

Ya el Ayurveda hablaba de trikaladosha o las tres acciones de las fuerzas dóshicas en el tiempo (día, estaciones del año y época de vida) que veremos luego.

Los ritmos circadianos se habrían originado en las células más primitivas con el propósito de proteger la replicación del ADN de la alta radiación ultravioleta durante el día. Como resultado de esto, la replicación de ADN se relegó al período nocturno.

El reloj circadiano en los mamíferos se localiza en el núcleo supra quiasmático (NSQ), un grupo de neuronas del hipotálamo medial.

La actividad del NSQ es modulada por factores externos, fundamentalmente la variación de luz. Existe una serie de procesos biológicos que están subordinados al ciclo circadiano, de esto ya el Ayurveda mencionaba los distintos horarios del día en los cuales influían las fuerzas dóshicas.

La alteración de los ritmos circadianos a largo plazo tendría consecuencias adversas en múltiples sistemas, particularmente en el desarrollo de exacerbaciones de enfermedades cardiovasculares.

El funcionamiento normal del organismo humano se adecua a los ciclos día–noche y se conjuga mediante las fases de sueño–vigilia. El ser humano tiene hábitos diurnos, de manera que la noche es fundamental para los procesos recuperativos del organismo.

Existen funciones fisiológicas que se cumplen en el cuerpo de acuerdo con la hora del día, por ejemplo, durante el sueño de la noche la persona debe haber variado sus parámetros referentes a la presión arterial, y el cerebro debe haber experimentado cambios también en su actividad.

Durante la mañana, existe una alta disposición para la concentración mental y rendimiento en las distintas esferas laborales, estudiantiles o las relacionadas con la comunicación. El organismo en estos horarios está en plena disposición para aceptar la alimentación.

Durante la tarde comienzan a declinar algunas funciones, mientras otras se activan. Por ejemplo, a medida que avanza la tarde, el organismo puede alcanzar un máximo de rendimiento para absorber los nutrientes, por lo que no se recomienda que las personas con sobrepeso se excedan en sus comidas en estos horarios.

Son "programaciones" de horarios que va adquiriendo nuestro cuerpo no sólo en actividades diarias sino también con flujos de hormonas y otros eventos propios del organismo

El interés en el ritmo circadiano es múltiple, no solamente por aplicaciones prácticas que se derivan de su conocimiento, sino también, porque abre una ventana al conocimiento de la filogenia de muchos seres vivos, muestra muchas homologías entre animales, cianobacterias, hongos, insectos y plantas, pero al mismo tiempo, sugiere que las especies han evolucionado independientemente unas de otras.

Los ciclos del día y la noche, del sol y la oscuridad, generan oscilaciones o ritmos hormonales en el sistema endocrino y en el sistema nervioso central. Nuestro organismo se acopla a estos ritmos hormonales y funciona como un sistema de dos fases:

La fase matutina se inicia con el amanecer (estado hipnopómpico), la fase nocturna se inicia con el atardecer (estado hipnagógico), a ambos momentos el Ayurveda los llama sandhikala (articulación del tiempo), momentos sublimes de meditación y contemplación. No hacer nada en esos momentos, sólo ser... son momentos de nacimiento y muerte.

Kala karma: el karma del tiempo

Kala es tiempo y kalaparinama es la causa–efecto del tiempo y conforma la llamada trikaladosha, las tres acciones del tiempo que también se traducen en doshas. Todas las alteraciones del sistema cuerpo–mente, son influidas por y a través del tiempo.

Trikaladosha

La trikaladosha, son los ritmos, cambios, desequilibrios del dosha en tres aspectos del tiempo:

Dinadosha y ratridosha: 12 horas de día y 12 de la noche (am o pm), que se corresponden con el ritmo circadiano: de 10 hs a 2 hs es fuerza pitta, de 2 hs a 6 hs es vata y de 6 hs a 10 hs es kapha.

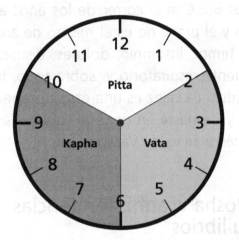

Rutudosha, estaciones del año, ritmo circanual, el fin de la primavera y el verano aumentan a Pitta; el otoño y el principio del invierno, a Vata; el invierno y el comienzo de la primavera, a Kapha.

Meses del año:

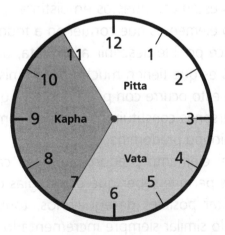

Vayamdosha, edad, etapas de la vida. Kapha aumenta en niñez, hasta los 15 años en una etapa y luego hasta los 20 o 25 es Kapha-Pitta. Pitta: aumenta en la adultez, de 25 a 60. Vata: aumenta en la vejez, a partir de los 60. Con el correr de los años aumenta la fuerza Vata y el prana no es el mismo de antes, puede haber más temor, insomnio, dolores, disminuye el volumen corriente respiratorio y, sobre todo, la atención de los sentidos. La vejez es una etapa propensa al desgaste óseo y desgaste en general (catabolismo, fuerza Vata)... y más si se es de Vataprakriti.

Karma dosha vyadhi: tendencias y desequilibrios

La tridosha puede determinar la predisposición (karma dosha), el pronóstico del estado de la enfermedad, también el tratamiento de la enfermedad y el régimen de estilo de vida.

Al nacer, a todos se nos dota con algo de cada biotipo, ya que estos están compuestos en distintas proporciones por los cinco elementos que contienen a todo y todos.

Lo que hace posible describir a un Vata, un Pitta o un Kapha puros es que tienen mucho de un mismo biotipo, sin embargo esto ocurre con poca gente ya que la mayoría de las personas constituimos biotipos combinados en los que un biotipo predomina.

Conocer el elemento predominante en cada uno de nosotros nos permite saber qué estrategias de vida asumir para evitar posibles desequilibrios, tomando como la base que lo similar siempre incrementa lo similar. Así, por ejemplo, el dosha de fuego llamado Pitta tendrá que luchar contra el fuego toda su vida pues ya tiene su dosis de fuego completa y, por lo tanto, tendrá que evitar los picantes, la sal, los baños de sol, los fermentados, intentar sostener posiciones pacíficas, enfriar la mente y bajar la competitividad. De otro modo, sus desequilibrios harán que "se incendie", causando gastritis, conjuntivitis, dermatitis, úlceras, ira o problemas en la piel.

Por el contrario, una persona con biotipo Vata (liviano, frío y seco) necesitará las cualidades opuestas: bajar, calmar, tonificar, aceitar y calentar, mientras que deberá evitar comer alimentos light o verduras crudas y frías (principalmente en invierno), pues de esta forma se incrementan las cualidades que de por sí se tienen en cantidad.

Para el Ayurveda, todo es relación de cualidades. Pitta debe enfriar, no competir, no creerse dueño de la verdad, no demandar y no dominar, mientras que Kapha debe levantar, soltar, mover, calentar, liberar y entregar.

Al aumentar la fuerza Pitta, la piel toma un aspecto rojizo o amarillo y la persona puede sufrir diarreas o momentos de ira. También se pueden presentan signos de mareo y desmayos (en participación con Vata). Con Pitta disminuido, la piel se pone pálida, la persona tiene molestias intestinales y la digestión lenta.

Cuando Vata está exagerado, la piel se vuelve áspera, seca y oscura, el cuerpo de adelgaza y pierde calor, la persona sufre de insomnio, astenia y sus defecaciones son secas. Si ocurre lo contrario y Vata está deprimido, la persona se siente cansada y agotada, tiene la respiración entrecortada y pierde el buen humor y la concentración.

Al aumentar Kapha, la sangre no circula bien y se presentan cansancio y sueño. Las extremidades se vuelven pesadas y las articulaciones con frecuentes formaciones de edemas. Por otro lado, al haber poco Kapha, se produce sequedad en la boca, sed y la sensación de vacío en el estómago. Las articulaciones se vuelven débiles y la persona se siente sin fuerzas.

Vata se mueve y mueve todo el cuerpo, Pitta quema y metaboliza y Kapha crea estructura, une y estabiliza. Vata es seco, Pitta caliente y Kapha pesado. Vata es oído y tacto, Pitta es la visión y Kapha es el gusto y olfato.

Kapha es la base de los otros dos humores, es la estructura con forma, resistencia, cohesión, tranquilidad y estabilidad. Pitta es el balance de los otros dos humores, es digestión, metabolismo, transformación y pensamiento. Vata es el que mueve a los otros dos humores, es circulación, energía, entusiasmo y creación.

El desequilibrio de Vata se cura con reposo, el desequilibrio de Kapha empeora con reposo. Pitta cura con inteligencia fría a las pasiones y pensamientos calientes; así la cosa sale tibia.

El secreto del Ayurveda es que la persona tiende a hacer lo que vibra más con su elemento, y esto es lo que más lo desequilibra. Así, a Pitta lo que más le gusta tal vez es el sol, la sal, la pimienta, el verano, la playa… y bajo el principio de que lo parecido incrementa a lo parecido, pues, se desequilibra. O sea, siguiendo el ejemplo para Pitta, éste debe evitar el calor pues se desequilibra más (lo ácido, lo picante, lo salado, el sol, la competencia, los pensamientos…). Pitta sólo tiene que enfriar (lo cual es mucho trabajo, inteligencia fría a las pasiones calientes, así la cosa sale tibia).

Vata debe evitar lo seco, liviano y frío. Tiene que parar y concretar. Kapha debe evitar lo pesado, frío y aceitoso.

Kapha tiene que soltar y arrancar. Al ser Vata seco, tiene menos lubricados los canales. Además los mismos son de menor diámetro, ergo llevan a poca circulación sobre todo distal haciéndolo tener fríos los pies y/o las manos. Vata tiene mucho frío, ergo a los desequilibrios Vata (parálisis, reuma) el frío les hace mal. Como tienen buena circulación, los Kapha no se quejan de manos o pies fríos, lo cual no indica que no tengan frío, pero es menor que Vata y generalizado.

Vata se queja y está preocupado aunque no tenga reales problemas. Son dudosos e inseguros; buscan resultados rápidos, eso les da ansiedad y les genera expectativa. Buscan la atención y una oreja donde quejarse, contar sus problemas o, simplemente, hablar (mucho).

Pitta, si tiene problemas, le echa la culpa a otro, exagera y tiene guerra consigo mismo por su fueguina naturaleza. Opina, critica, califica y está atrapado en su propio juicio: pasionales, pueden llegar a ser fanático. No le gusta que le digan lo que tiene que hacer.

Pitta es pasional y pasión significa padecer.

Kapha necesita ser estimulado, no le gusta cambiar ni moverse demasiado. Prefiere vivir con los problemas más que solucionarlos o cambiarlos. Le cuesta cambiar cosas aunque se dé cuenta de que es necesario. Tiene tendencia a repetir y retornar a viejos hábitos.

El enojo da sudor caliente, Pitta. El miedo da sudor frío, Vata.

Los doshas son cualidades, y sus desequilibrios se representan también por cualidades que suben o bajan, lo que nos orienta al tratamiento a seguir

Dia-gnosis significa atravesar, ir más allá del conocimiento (*gnosis, gnana*). El diagnóstico es la parte más importante. Tal cual diagnostiquemos, será luego orientado el tratamiento. Si diagnosticamos mal, por más que el tratamiento esté bien, todo lo que sigue estará mal. La mente ocupa la mayor parte del diagnóstico y tratamiento.

Salud es llamada swastha: "establecido en uno mismo", o sea los tres doshas equilibrados (sama dosha), dhatus, malas, agni, manas e indriyas balanceados y equilibrados, srotas libres y fluyentes.

Recordemos las causas de los desequilibrios; podemos englobarlas dentro de los siguientes principios:

1. Pragna aparadha: se sabe lo que se tiene que hacer, pero no se hace.

2. Avydia: desconocimiento o conocimiento erróneo de lo que se tiene que hacer.

3. Parinama: factores causa efecto, como el tiempo (edad, hora, estación del año, clima), cataclismos, tsunamis, terremotos.

4. Karmaja: debido al karma, por ejemplo malformaciones congénitas y hereditarias, samskaras y vasanas (impresiones y tendencias), e inclusive el propio dosha.

Vamos a correlacionar, dijimos, las tendencias kármicas con los desequilibrios, así cada fuerza dóshica va a presentar una tendencia a ciertos padecimientos lo que nos ayuda a un entendimiento distinto, desde otro punto de vista y, por ende, con otro tratamiento: cuerpo, mente y espíritu, a ese individuo, en este momento...

El hecho de poder correlacionar los desequilibrios y enfermedades con las fuerzas dóshicas nos da un amplísimo margen de terapia. Por citar un par de ejemplos, si uno diagnostica reuma, Alzheimer o epilepsia es un tratamiento, ahora si lo que se debe corregir es un desequilibrio Vata, el tratamiento es totalmente distinto. Por ejemplo. lo primero que atendería sería la constipación.

Ya no es híper acidez o gastritis sino una fuerza Pitta (rajásica) a bajar, entonces el sol, naranja o amarillo, el pensamiento, la crítica, la opinión, el comparar, lo ácido, lo salado, lo fermentado como el yogurt, quesos, el alcohol, Marte, lo calentante, el picante, la competencia, la remera roja... Todo agravaría el desequilibrio ya que aumenta a Pitta.

Claro está que acidez, gastritis y constipación las pueden tener cualquier dosha, pero por la ley de similitud, por ejemplo, Vata que es más seco tiende más a constipar; Pitta, más fuego tiende a inflamar; y Kapha, pesado tiende a enlentecer u obstruir. Vata presenta sus desequilibrios con, sequedad, espasmos, dolor de tipo cólico, tos seca, pérdida de fuerza, adelgazamiento, rigidez. Pitta el mismo desequilibrio lo presentará tal vez con fiebre, infecciones, problemas de piel e inflamaciones, mientras Kapha lo presentaría con edemas, congestiones, letargo y pesadez.

Hay desequilibrios combinados (psoriasis es vata kapha sobre pitta; cáncer es en principio kapha vata, la anorexia y bulimia, tridóshicos, etc).

Algunos desequilibrios karma Vata, (vatavyadhi), a todos ellos atender la constipación, regularidad en todo, yoga, meditación, natación, agua y aceites de primera presión en frío (sésamo), alimentos cocidos, fáciles de digerir, hablar menos, escuchar más, no quejarse, no demandar. Así baja Vata.

- Sankocha: atrofia.
- Parvastambha: paresia.
- Asthibhang: fracturas.
- Swara; asma (junto a Kapha).
- Antraja vriddhi: hernia inguinal (Vata seca y desgarra las fibras Kapha).
- Anidrata: insomnia.
- Rajonasha: amenorrea.
- Garbhanasha: muerte fetal.
- Gatrasuptata: anestesia.
- Akshi hundan: nistagmo.
- Akshepa: convulsiones.
- Ayas: fatiga.
- Ajeerna: indigestión.
- Amsashosha: hombro congelado.
- Vatarakta: gota.
- Pakshagata o pakshavadha: hemiplejías.
- Vatakostha: retención de orina, constipación, arritmias, bloqueos.
- Dandapatanaka: meningitis.
- Paksavadha: hemiplejía.
- Ardita shiravata: parálisis facial.
- Hanugraha: dislocación o luxación ATM, articulación témporo mandibular.
- Jivasthamba; parálisis de la lengua.
- Gridhrasi: ciática.
- Visvaci: parálisis braquial.
- Kahnja: cojo.
- Pangu: lisiado.

- Kampavata: actual Parkinson.
- Khalli: calambres.
- Sandhisoola: dolor articular.
- Januvata: gonartrosis.
- Sramsa: subluxación (vata kapha).
- Sarvanga gata vata: fibromialgia.
- Amavata: enfermedades reumáticas.
- Amavata jwara: fiebre reumática.
- Sthamba: paresia.
- Visoochika: colitis ulcerosa.
- Danta harsa: dientes sensibles.
- Mutrakriccha: disuria.
- Murchha: Desmayo.
- Apasmara: epilepsia.
- Vatarakta: gota.
- Anidra: insomnio.
- Malavasthamba, koshtabadhata, anaha, vibandha: constipación.
- Eka kushta o charmadala: psoriasis (Vata–Kapha).
- Rajayakshma: TBC.
- Sarvangagata vata: fibromialgias.
- Admana: flatulencias.
- Katishula: lumbalgias.
- Apasmara: epilepsia.
- Sirasoola: dolor de cabeza.
- Kubjatva: cifosis.
- Hridava: taquicardia.
- Manyasthambha: tortícolis.
- Malavasthamba: constipación.
- Bhrama: vértigo.
- Klyaibya: impotencia.
- Asweda: anhidrosis, poco sudor.

- Nyuna raktachap: baja presión.
- Gonorrea: Ushnavata.
- Además: Lesiones del Sistema Nervioso Central y Periférico. Esclerosis Lateral Amiotrófica. Esclerosis Múltiple. Alzheimer. Migrañas, Cólicos. Fibromialgias. Gota, Sjogren, Insomnio, Miedo, Stress, Angustia, Ciática, Genu Varo, Genu Valgo, Rigidez del muslo, Dolor del muslo, Paraplejia, Prolapso rectal, Tenesmo, Dolor en el escroto, Priapismo, Tensión en la ingle, Dolor alrededor de la pelvis, Aumento de la peristalsis, Cojera, Cifosis, Escoliosis, Enanismo, Artritis sacro ilíaca, Rigidez en la espalda, Dolor en el pecho, Calambres y dolores abdominales, Bradicardia, Taquicardia, Disminución de la excursión torácica, Dolor de punzante, Hipotrofia muscular, Rigidez del cuello, Tortícolis, Ronquera, Dolor en la articulación temporomandibular, Dolor en los labios, Dolor en los ojos, Dolor en los dientes, Diente flojo, Afasia, Hablar lento, Sabor astringente en la boca, Resequedad en la boca, Ageusia, Anosmia, Dolor de oídos, Tinitus, Resquebrajamiento de las uñas, Resquebrajamiento de los pies, Dolor en los pies, Pies deformes, Entumecimiento de los pies, Tobillo rígido, Calambre en la pantorrilla, Sordera, Pérdida de la audición, Ptosis, Entropión, Cataratas, Presión dolorosa en el ojo, Hundimiento del globo del ojo, Dolor temporal, Dolor frontal, Ptosis palpebral, Miastenia Gravis, Dolor de cabeza, Caspa, Parálisis facial, Monoplejía, Cuadriplejia, Hemiplejía, Convulsión clónica, Convulsión tónica, Desmayo, Vértigo, exaltación, Temblor, Bostezo, Hipo, Astenia, Delirio, Resequedad, Dureza, Clonus, Corea, Atetosis, Parkinson.

Algunos desequilibrios karma Pitta, a todos ellos enfriar, relajar, suavizar, perdonar, decir más que sí, no competir, no esperar ni demandar nada, no comparar, no exigir, responder al día siguiente, el otro tiene razón, no ácido (carnes, alcohol), salado, picante, no fermentado (quesos, vino). Así baja Pitta.

- Panduroga: anemia.
- Raktapitta: tendencia a hemorragias o sangrado, por ejemplo, nasagata raktapitta: epistaxis).
- Kamala: ictericia, hepatitis.
- Arsas: hemorroides.
- Visarpa: erisipela.
- Pleeha: esplenomegalia.
- Kamala: ictericia.
- Vidradhi: abscesos.
- Dadru o Vicharchika: eczema.
- Kotha o shita pitta: urticaria.
- Raktameha: hematuria.
- Asyapaka: estomatitis (junto a Kapha).
- Asyagandhita: halitosis (mal aliento).
- Vaivarnya: decoloración.
- Vyangam: desórdenes de pigmentación.
- Pipasa: excesiva sed.
- Santap: irritable.
- Kandu: picazón.
- Twak vikar: desequilibrios de la piel.
- Jwara: fiebre.
- Annadravasoola parinamasoola: úlcera péptica.
- Unmada: esquizofrenia.
- Krostukasirsha: artritis infecciosa (gonococo, brusela, estafilo).

- Yakrit vriddhi: cirrosis.
- Rohini: difteria.
- Kashtartava: dismenorrea.
- Visarpa: erisipela.
- Amlapitta: gastritis.
- Adhoga rakta pitta: hematuria.
- Raktavata: HTA (hipertensión arterial).
- Raktapradara: metrorragia.
- Atisara: diarrea.
- Netrabhisandya: conjuntivitis.
- Khalitya: alopecía.
- Svitra: leucodermia.
- Kacchu: sarna.
- Atisweda: hiperhidrosis.
- Dristi dosha: miopía.
- Upadamsha: enfermedades venéreas.
- Firanga: sífilis.
- Además: Calor abrasador, Gastritis. Úlceras. Reflujo y eructo ácido, Sensación de quemazón en el pecho, Sensación de fuego en el cuerpo, Sensación de fuego en los hombros, Temperatura alta, Sudoración excesiva, Mal olor en el cuerpo, Resquebrajamiento doloroso del cuerpo, Retardo en el flujo sanguíneo, Músculo fatigado, Sensación de quemazón en la piel, Picazón en la piel, Urticaria, Vesícula roja, Tendencia al sangrado, Morados, Verdoso, Ictérico, Nevus azul, Herpes genital, Ictericia, Sabor amargo, Olor de sangre que sale de la boca, Mal olor en la boca, Sed excesiva, Insatisfacción, Estomatitis, Faringitis, Conjuntivitis, Proctitis, Inflamación del pene, Hemorragia, Desmayo, Coloración amarillo verdoso en los ojos, la orina y las heces. úlcera duodenal. Problemas oculares, hepáticos y biliares. Hipertensión Arterial. Hiperhidrosis

Algunos desequilibrios karma Kapha, a todos ellos soltar, moverse, salir, dejar ir, cambiar, no a los dulces ni quesos ni lácteos, más ejercicio aeróbico, no siesta, desapegarse, no colgarse, aprender a estar bien solo... Así baja kapha.

- Medoroga o atisthula: obesidad.
- Madhumeha: DBT.
- Avasada, chittavasada: depresión.
- Ajeerna: indigestión (junto a Samana Vata).
- Nakseer: rinorrea.
- Chardi: vómitos (junto a Udana Vata).
- Kasa: tos (junto a Udana Vata).
- Swasroga: asma (junto a Prana y Udana Vata).
- Pinasa: sinusitis.
- Galaganda: bocio.
- Kashaya, sanga o sangana: apego.
- Timira: cataratas.
- Mastishka shoth: meningitis.
- Tundikeri: tonsilitis.
- Mukhapaka: estomatitis.
- Eka kushta: psoriasis (desequilibrio Vata–Kapha).
- Mutrasmari: cálculos renales.
- Shotha: edema.
- Asthila, mutraghata: agrandamiento de próstata.
- Arumsika: forúnculos.
- Mamsavasa: excesiva grasa intramuscular.
- Jala sirsaka: hidrocefalia.
- Udara: ascitis.
- Yakritvriddhi: hepatomegalia.
- Pleehavriddhi: esplenomegalia.
- Vandhyatva: esterilidad.

- Además: Alergia, Somnolencia, Sueño excesivo, Timidez, Pesadez, Pereza, Apego, Salivación, Excesiva producción de mucus, Exceso de excreción del cuerpo, Pérdida de energía, Indigestión, Mucus alrededor del corazón, Mucus en la garganta, Arterosclerosis, Disminución de la capacidad digestiva, Urticaria, Palidez, Depresión, Colesterol, Síndrome de Pickwick, Tumores, Quistes, Alergias.

A propósito del cáncer

Para el Ayurveda, el tumor benigno (granthi) es un desequilibrio, en principio, Kapha por la proliferación celular; los malignos o cáncer (arbuda, kakana), son Kapha–Vata por la velocidad, desorden y lisis durante el crecimiento. El agregado de Vata lo hace malignificarse. Luego se suma Pitta por el metabolismo en juego, lo que finalmente lo hace tridóshico. El cáncer o tumor maligno es una proliferación no regulada de células en el cuerpo físico que se propagan por sí mismas creciendo en el lugar y sembrándose por todo el cuerpo.

La agresión patógena puede ser química (intoxicación plomo, venenos, ácidos, arsénico), física (radiaciones), o biológica (radicales libres, envejecimiento... ¡¡¡mente!!!), aunque por lo general no es una enfermedad mono causal.

Virtualmente, cualquier agresión al organismo puede producir cáncer, constantemente cada cuerpo produce células cancerosas aunque la mayoría de la gente nunca se entera. Por ahora, el paradigma es que a los malignos hay que extirparlos (muchas veces mutilando) pues con los tratamientos actuales de quimio o radioterapia (QRT) de por sí, son insuficientes (va muy rápido: vata); pero calculo no por mucho tiempo más por el avance de la ciencia con otros tratamientos (ultrasonido, láser, termoterapia, etc.).

Todos los días, incluso en personas sanas, las células malignas se forman y circulan. Compartimos también virus y bacterias potencialmente agresivas pero en un cuerpo sano, estas células son destruidas por el sistema inmune del cuerpo. Nuestros cuerpos están diseñados para hacer frente a esta amenaza. Genes adicionales llamados "genes del tumor represor" normalmente suprimen o regulan el crecimiento.

En los pacientes que desarrollan cáncer, algo en la inmunidad se ha alterado y no se logra así su defensa habitual. Ninguna célula, salvo las cancerosas, vive en aislamiento. Una emoción puede alterar el fenotipo como ya comprobó la epigenética que veremos luego; una emoción puede activar o desactivar cualquier cosa.

El cáncer es la enfermedad del tejido como un todo, no de sus células nada más.

Los virus (ácidos nucleicos) juegan también un rol muy importante en la aparición del cáncer. Un virus es una hebra de material genético que es capaz de insertarse en el ADN de su huésped, se replica y así altera las funciones de éste a su beneficio.

Por lo general, las defensas del cuerpo pueden deshacerse del agente agresor; cuando no es así, este virus se incrusta en el interior del ADN alterándolo, haciendo que estas mutaciones puedan ser transmitidas de generación en generación.

Claro que muchas veces no es un ataque de virus o bacterias sino nuestras propias células en desequilibrio.

Para el Ayurveda no hay enfermedades incurables sino enfermos incurables. Cree en su remisión total y espontánea más allá de la etapa de la enfermedad... pero no hay fórmulas. Cada individuo es único, ergo cada enfermedad también lo será, ambos son particulares, irrepetibles, por eso el Ayurveda estudia ambos, roga–rogi (enfermedad–enfermo) por separados, para luego unirlos e ir de las partes al todo y del todo a las partes.

El 70% de nuestras células (de nuestro cuerpo) es agua, ergo responde o influye en su arquitectura el amor, el dar, la Luna. El agua es el elemento más misterioso de todos, da la vida, la emoción, la memoria, el amor, la tolerancia, la paciencia, la adaptabilidad, flexibilidad, unión, devoción, grasa corporal, elasticidad, compasión, relajación, frescura, pero también es apego.

La célula responde con quistes (de agua o grasa) o displasias, al pensamiento con atracción, con apego, y lo hace en lugares específicos (mamas, ovarios).

Las células cancerosas pueden adaptarse, variar y generar decenas de cambios genéticos de su estado original para sobrevivir. No respetan el límite de Hayflik (máximo de veces que la célula se puede reproducir), tampoco la apoptosis o muerte programada, ni el freno de crecimiento por contacto.

Qué se puede ir haciendo

Los cánceres tienen enorme afinidad por el azúcar y la acidosis; las células malignas tienen, típicamente, unas tasas de consumo de glucosa unas 200 veces mayores que las de las células normales que les dieron origen; y esto ocurre aún con un aporte pleno de oxígeno.

Entre otras cosas por la alimentación actual (hiper saturada de azúcares y grasas, encima manipuladas por el hombre como las grasas trans), se alteran los fosfolípidos de la membrana y el O2 no entra, a pesar de que abunde en el espacio extracelular.

Al no recibir O2, las células se vuelven cancerosas para sobrevivir (activan la vía de la glucolisis), en este caso se entiende al cáncer como un intento de reparación o supervivencia ya que, si bien destruye al organismo, garantiza unos años de supervivencia en condiciones adversas para la conservación de la especie.

Si la membrana celular está llena de grasa incorrecta, saturada o manipulada (trans), el O2 no puede entrar.

Luego, al no poder ingresar el O2, las mitocondrias entran en silencio, bajando su ATP, ergo menos energía (baja el prana: miedo, angustia, ansiedad).

A mayor malignidad, más intensa es su metabolización del azúcar lo que genera mucho ácido láctico acidificando aún más el medio.

El tumor se alimenta de azúcar, ergo de Kapha y todo lo kaphagénico, el azúcar encima aumenta la insulina y esta inhibe la apoptosis o destrucción celular programada a la vez de promover la división celular por estimular a la tirosin kinasa. A la vez, inmoviliza al sistema inmune por ejercer un decrecimiento en la capacidad de los neutrófilos.

La dieta occidental moderna incorpora a la fuerza gran cantidad de ácidos grasos adulterados a nuestras membranas celulares, disminuyendo su capacidad fisicoquímica para difundir libremente el oxígeno hacia el interior, dejando a las células en situación de hipoxia aun cuando el oxígeno abunde en el líquido extracelular.

Todo proceso de reparación orgánica puede producir cáncer si no hay suficiente oxigenación celular.

Otra cosa es anular o reducir el consumo de pollo (los crían inyectándoles hormonas de crecimiento), carne con su acidosis, además de alimento muerto, finado... (re finado: re muerto, como el azúcar refinada, ambos bajan el ph). Reducir o anular quesos, fiambres y embutidos.

Jengibre, cúrcuma, limón y té verde (camellia sinensis) es una fórmula ideal de pre, pos y mantenimiento durante cirugías del cáncer.

El jengibre posee inhibidores de la lipo y ciclooxigenasa reduciendo las pg indispensables para la reproducción anárquica.

El tratamiento no es para el tipo de cáncer sino para el enfermo, ergo es único.

Se denomina curación espontánea, regresión espontánea o remisión espontánea a la mejora o cura inesperada de una enfermedad que normalmente sigue otro curso clínico. El término remisión espontánea se usa frecuentemente en casos de enfermedades crónicas o graves, como el cáncer que mejoran sin causa conocida. En ocasiones, estas sanaciones extraordinarias se consideran milagrosas, aunque existen explicaciones naturales para su existencia.

Esta curación ocurre a este nivel, cuántico, sin tiempo ni espacio, algo que no podemos manejar pero sí se puede proponer un terreno propicio para que ello ocurra (buena alimentación, buenas compañías, intelecto, servicio, desapego, manejo de las emociones). Lo cierto es que el alimento no puede ser producido por las fábricas sino por la naturaleza.

VI
Genes, epigenes

La genética es el estudio de la herencia y la herencia es el mecanismo por el cual pasamos ciertos genes a nuestra descendencia. Un gen, por su lado, es una unidad de información en un lugar del ADN que codifica un producto funcional, o ARN.

Veamos un poco más profundo esto. ¡Guarda que se viene un poco de info científica! Paciencia y concentración. Podés parar y hacer unos mates antes de seguir.

Los ácidos nucleicos son macromoléculas unidas mediante enlaces de fósforo. Se forman largas cadenas; y existen dos tipos básicos, el ácido desoxirribonucleico (ADN) y el ácido ribonucleico (ARN)

El gen es una secuencia lineal de nucleótidos, estos nucleótidos son moléculas orgánicas formadas por la unión de cinco carbonos (pentosa), una base nitrogenada y un grupo fosfato. El nucleósido es la parte del nucleótido formada únicamente por la base nitrogenada y la pentosa. Las bases nitrogenadas derivan de los compuestos heterocíclicos aromáticos, purina y pirimidina:

- Bases nitrogenadas purínicas son la adenina (A) y la guanina (G). Ambas forman parte del ADN y del ARN.

- Bases nitrogenadas pirimidínicas: son la timina (T), la citosina (C) y el uracilo (U). La timina y la citosina intervienen en la formación del ADN. En el ARN aparecen la citosina y el uracilo.

- Bases nitrogenadas isoaloxacínicas: la flavina (F). No forma parte del ADN o del ARN, pero sí de algunos compuestos importantes como el FAD.

Un gen, entonces, es un segmento corto de ADN. Los genes le dicen al cuerpo cómo producir proteínas específicas. Hay aproximadamente 20000 genes en cada célula del cuerpo humano. Juntos moldean constituyen el material hereditario para el cuerpo humano y la forma en que funciona.

La composición genética de una persona se llama genotipo. Al conjunto de caracteres visibles que un individuo presenta como resultado de la interacción entre su genotipo y el medio se lo llama fenotipo.

Los rasgos fenotípicos cuentan con rasgos tanto físicos como conductuales, tal cual los dosha. Un fenotipo es cualquier característica o rasgo observable de un organismo, como su morfología, desarrollo, propiedades bioquímicas, fisiología y comportamiento. Entonces el genotipo se puede distinguir observando el ADN y el fenotipo puede conocerse por medio de la observación de la apariencia externa de un organismo, cosa que el Ayurveda ya sistematizaba en los doshas.

En biología y citogenética, se denomina cromosoma (del griego χρώμα, –τος chroma, color y σώμα, –τος soma, cuerpo o elemento) a cada una de las estructuras altamente organizadas, formadas por ADN y proteínas, que contiene la mayor parte de la información genética de un individuo.

Los cromosomas se agrupan en pares. Tenemos así 46 cromosomas o 23 pares.

Estos pares de cromosomas se clasifican siguiendo una nomenclatura internacional: del más grande al más pequeño y aparte se sitúan los cromosomas sexuales.

En las divisiones celulares (mitosis y meiosis) el cromosoma presenta su forma más conocida, cuerpos bien delineados en forma de X, debido al alto grado de compactación y duplicación. Mitosis es duplicación de esa célula, los 46 cromosomas exactos, la meiosis es la reproducción sexual, la creación, donde no se duplican los 46 sino que vienen 23 de la mamá y 23 del papá. Esta meiosis entonces es la división celular por la cual se obtienen células hijas con la mitad de los juegos cromosómicos (haploides) que tenía la célula madre (diploides), pero que cuentan con información completa para todos los rasgos estructurales y funcionales del organismo al que pertenecen.

El genoma humano contiene aproximadamente entre 20000 y 25000 genes.

Estos genes pueden ser activados y / o alterados por estímulos externos tales como una infección o estrés. Esto conduce al estudio de la epigenética, ya que los genes no determinan directamente la conducta.

Genes y ambiente constituyen una carretera de doble vía, particularmente en lo que se refiere a la conducta social. Algunos genes pueden influir inicialmente en la personalidad del individuo pero, al mismo tiempo, la información procedente del ambiente social modifica al propio cerebro, cambiando los niveles de neurotransmisores, conexiones sinápticas, etc. lo cual puede cambiar a su vez la expresión de ciertos genes. Esto determina cambios en la conducta del individuo, lo cual, de nuevo, puede modificar su ambiente social.

Y así sucesivamente, el mundo es una proyección mental: manomatram yagat.

La epigenética

El prefijo derivado del griego epi significa "por encima, arriba". La epigenética hace referencia, en un sentido amplio, al estudio de todos aquellos factores no genéticos que intervienen en la determinación de la ontogenia o desarrollo de un organismo

Los nuevos mecanismos revelados del control genético proveen una visión profundamente diferente de cómo se maneja la vida. Ahora se estudian los factores no genéticos que tienen influencia en nuestro desarrollo, apariencia física, salud, conducta, desequilibrios, etc.

La nueva ciencia de la epigenética reconoce que las señales del medio ambiente son los reguladores primarios de la actividad de los genes.

No cabe duda que los genes tienen una poderosa influencia sobre nuestras vidas, nuestra personalidad, nuestras capacidades y nuestra predisposición a padecer ciertas enfermedades. Multitud de estudios de gemelos idénticos y estudios de adopción, repetidos muchas veces, en muchos países lo atestiguan. Sin embargo, en muy pocos casos la determinación genética pasa del 50% (al menos en los que se refiere a características relacionadas con la conducta social), lo que deja un amplio margen para la influencia del ambiente. Actualmente los genes ya no son deterministas, sino más bien posibilidades, debido al conocimiento de la epigenética. El gen pasa a ser un vehículo y no la causa.

La epigenética nos muestra un reloj de ADN que puede activar o desactivar un gen. Las histonas por su parte son proteínas primarias de la cromatina y se combinan con el ADN para producir cromosomas. Las histonas se envuelven alrededor del ADN. Ellos esencialmente organizan el ADN en la célula. Si las histonas se modifican de cualquier influencia externa, pueden influir en cómo se arregla una cromatina y así cambiar la forma en que el ADN será transcrito.

Esto nos dice que nuestro ADN puede funcionar o no funcionar en función de la modificación de la proteína que ocurre en el cuerpo. Estas alteraciones se transmiten entonces de generación en generación. Estos cambios en nuestros niveles de modificación se pueden ver en la investigación que estudia niveles elevados de cáncer de mama, cáncer de próstata y cáncer de páncreas. Se están realizando investigaciones para estudiar los riesgos predeterminados asociados con estos tipos de cáncer.

Epigenética, emoción, alimentos, somos seres que podemos cambiar nuestra biología por lo que pensamos y nos alimentamos, recordando que para el Ayurveda alimento es todo lo que entra por los sentidos.

Y claro, no es patrimonio del ser humano; no sé dónde leí que ahora en África muchos elefantes nacen sin colmillos, debido a la caza indiscriminada para apoderarse de ellos.

Una proteína (cuya información viene incluida en un gen) no explica por sí misma una conducta. El ambiente actúa sobre los intermediarios fisiológicos, de modo que siempre hay un factor ambiental en la conducta.

La epigenética controla los genes. Los genes son el medio, la tendencia. Ciertos factores en la vida pueden hacer que estos genes se activen o desactiven.

Los genes pueden permanecer inactivos en el cuerpo o ser alterados por factores epigenéticos que harán que los genes se expresen de cierta manera.

La epigenética está en todas partes. Todo lo que se come, toca, huele, oye o siente puede causar una modificación química en el cuerpo que altera los genes.

Los factores epigenéticos pueden transmitirse de generación en generación, pero también la epigenética es responsable de las pequeñas cosas que nos hacen únicos. ¿Por qué a algunos de nosotros no les gusta el sabor de las aceitunas? ¿Por qué algunos de nosotros somos mejores oyentes?

La epigenética es reversible. Existe la posibilidad real de hacer un mapa de curas para ciertos tipos de cáncer, trastornos autoinmunes y muchas otras enfermedades debilitantes. Como venimos diciendo, los genes no determinan si vamos a enfermar, sólo son responsables de la predisposición.

Podríamos decir que la epigenética está relacionada con la selección natural, algo que ya había mencionado Darwin. Esto trata sobre los cambios de una misma especie variando sus rasgos, hábitos etc. dependiendo de su transcurso en su medio y su prevalencia como especie ante el resto.

La epigenética no sólo tiene la capacidad de trabajar con enfermedades como el cáncer, también para estudiar los trastornos autoinmunes, trastornos neuropsiquiátricos y síndromes pediátricos.

Son muchos los factores ambientales que pueden influir epigenéticamente, entre ellos: agua, aire, alimentación, estilo de vida, materiales sintéticos con los que convivimos, tabaco, estrés, todo aquello no propio, como sería todo aquello ajeno a nuestra fisiología, llámese antígeno antagónico a la nuestra, etc.

De todos los factores ambientales que inciden en la expresión de los genes, la alimentación es la más importante, aquella que nos viene marcando desde la infancia y anteriormente: la alimentación de la madre durante la gestación y sucesivamente, de generación en generación.

Somos lo que comemos, y lo que comieron también nuestros padres, abuelos, etc.

Hoy comemos alimentos muertos, finados, y encima luego procesados y re–finados (re–muertos), como el azúcar.

La importancia epigenética de la alimentación es tal, que, si un individuo está predispuesto genéticamente a desarrollar cierta enfermedad y realiza cambios adecuados en la dieta, estos actuarían de manera epigenética positiva evitando o atenuando dicha enfermedad. De la misma manera si la dieta es inapropiada la influencia epigenética negativa actuaría desencadenando o agravando la enfermedad. De joven, el cuerpo soporta la mente, de viejo al revés. El propósito del cuerpo el liberar la mente, si no, la mente destruye al cuerpo.

Nuestra actitud ante la comida (que es la base de nuestro cuerpo) también tiene efectos epigenéticos. Según la epigenética, pensar bien, ser optimista, ser agradecido, vivir sin contradicciones, ser feliz… también contribuye a la salud del ADN.

La epigenética nos muestra un reloj de ADN que puede activar o desactivar un gen. Los genes entonces pasan a ser un vehículo del karma ya que, si bien no determinan a enfermar, sí predisponen.

Una emoción no digerida se transforma en dosha o desequilibrio y, como alimento es todo lo que entra por lo sentidos... pues hay mucho que digerir.

La salud requiere conocimiento de vida (*ayurveda*) y voluntad. Claro que también se heredan cosas buenas, aceptemos y disfrutemos lo que tenemos.

El pensamiento es un movimiento en el tiempo. El tiempo en la evolución de nuestro condicionamiento. No son pensamientos, somos patrones de pensamientos.

Meditar no es el espacio creado por el pensamiento, sino un silencio ilimitado. El creado por el pensamiento es limitado, existe, por más que haya silencio. Todas las instrucciones, disciplina y técnicas para meditar pueden ser acordes y bien pensadas, pero también pueden ser una pérdida de tiempo, dependiendo de nosotros. Meditar es una cosa sencilla sin ninguna connotación mística, es sentarse y quedarse quieto a respirar sin ningún plan, expectativa, o demanda. Debería hacerse con una pequeña sonrisa (se relajan los músculos de la cara) y una cualidad de despreocupación, de soltar.

Reprogramación del ADN

Tres son los mecanismos de actuación de los marcadores epigenéticos:

- Metilación del ADN.
- Impronta genómica.
- Modificación de histonas.

De los tres mecanismos, la metilación es el más estudiado, mejor entendido y el que ofrece un futuro esperanzador en la prevención y tratamiento de patologías.

La metilación es la adición de un grupo metilo a una molécula. En biología del desarrollo, la metilación es el principal mecanismo epigenético. Aquí, la metilación consiste en la transferencia de grupos metilos a algunas de las bases citosinas del ADN, situadas previa y contiguamente a una guanina. Puesto que la metilación es fundamental en la regulación del silenciamiento de los genes, puede provocar alteraciones en la transcripción genética sin necesidad de que se produzca una alteración en la secuencia del ADN, siendo uno de los mecanismos responsables de la plasticidad fenotípica. También pueden ser metilados los productos de los genes, es decir, las proteínas, regulándose así también su función. En este proceso intervienen las enzimas ADN metil transferasas.

La metilación de la DNA es un mecanismo epigenético usado por las células para controlar la expresión génica. Esos segmentos de ADN metilados ya no pueden leerse: los genes que los contienen dejan de funcionar.

En el caso de estudio de gemelos, gracias al ADN de ambos extraído de su saliva, se constata que tienen diferencias en la metilación del ADN por su diferente estilo de vida, así que las diferencias genéticas pueden explicar por qué gemelos idénticos empiezan a ser diferentes cuando uno de ellos cambia de estilo de vida, como también se ve en otro caso, a unos gemelos idénticos de los que uno tenía diversas enfermedades y vivía en la ciudad, y el otro vivía en el campo y estaba perfectamente sano.

El proceso de reprogramación consiste en ordenar, con nuestra intención, la instalación de un nuevo programa en un gen concreto, y así, podemos retomar el poder sobre nuestros genes y sobre nuestra vida. La reprogramación del ADN nos ayuda a tener una mejor calidad de vida, no sólo a nivel físico, emocional o intelectual, sino también a nivel espiritual, ayudándonos a evolucionar a nosotros mismos y a toda la raza humana. Uno busca en internet y ve que ya hay muchos centros ocupados en esto, está en estudio aún.

¿Qué tiene que ver esto con el Ayurveda?

Todo. Como siempre, todo tiene que ver con todo. Podríamos decir que el cuerpo actúa bajo un particular código genético y que la mente actúa sobre un particular código kármico.

Ayurveda es el estudio de las ciencias de la vida. *Ayus*, que significa vida y *Veda*, sabiduría o conocimiento. Las opciones de estilo de vida que las personas hacen todos los días tienen un impacto directo en la susceptibilidad a la enfermedad.

Los factores epigenéticos indican que el uso adecuado de los sentidos, puede reemplazar a los factores genéticos, tal como decían los Vedas 5000 años atrás, no con esas palabras, sino en el texto "asatmen driyartha samyoga": el uso correcto de los sentidos es esencial para la salud y la longevidad; ahí dice: "Él, que se dedica diariamente a la alimentación y las actividades sanas, que discrimina (lo bueno y lo malo de todo y actúa sabiamente), que no se apega demasiado a los objetos de los sentidos, que desarrolla el hábito de la caridad. Es de considerar a todos como iguales (con respecto a la bondad), de veracidad, de perdonar y mantener compañía de personas buenas solamente, así se libera de todas las enfermedades". Cuando la naturaleza se transforma en algo muy `pequeño, la materia de desintegra y desvanece

La clarividencia, la intuición, actos espontáneos, actos remotos de sanación, auto sanación, técnicas de afirmación, luz / auras alrededor de personas, la influencia de la mente en los patrones climáticos, rituales y servicios sentidos, *restituto ad integrum*, sanaciones espontáneas, y mucho más, son evidencias para un nuevo tipo de estudio de la medicina en la cual el ADN puede ser influenciado y reprogramado por palabras y conocimiento y así activar o no, los genes individuales. Según SL Martin, "los genes regulan el 25% de la longevidad, mientras que el 75% está determinado por factores de estilo de vida tales como hábitos de sueño, consumo de bebidas alcohólicas, niveles de estrés, ejercicio y dieta".

Prakriti–dosha puede determinar la predisposición (karma dosha), el pronóstico del estado de la enfermedad, el tratamiento de la enfermedad y también el régimen de estilo de vida, pero recordemos que nosotros controlamos activamente nuestra expresión genética, momento a momento, a través de nuestras vidas.

VII
¡Y dale con el karma...!

Sigamos circulando por el karma, y de paso sigamos también con el tema de las emociones (¡qué tema!), ya que la emoción sin intelecto es el combustible perfecto para el karma; veamos algunas definiciones relacionadas:

- Emoción: reacción somática autonómica que puede expresarse o no, a la vez puede ser oculta, no digerida, no satisfecha, reprimida, proyectada.

- Pensamiento: ideas condicionadas por creencias, juicios, herencia, vivencia, opiniones, valores.

- Sentimiento: estado afectivo del ánimo por causas que impresionan vivamente.

Emoción viene de *movere* (que significa "moverse") más el prefijo "e-", significando algo así como "movimiento hacia" y sugiriendo, de ese modo, que en toda emoción hay implícita una tendencia a la acción.

Los sentidos abren la puerta a la emoción, la mente es la que recibe esa emoción, el intelecto la digiere y la conciencia la absorbe para luego hacerse cuerpo también. Las palabras son las expresiones externas de los imperceptibles pensamientos. Las emociones son actos reflejos; muchas veces las palabras hieren más que los golpes. Es fácil herir, uno luego se arrepiente (uno es dueño de lo que calla y esclavo de lo que dice).

Estos sentimientos provienen del hecho de atribuir a los objetos una naturaleza de placer o de dolor, así el ego niega o proyecta (*avarana* y *vikshepa*) emociones que le desagradan.

Luego vimos toda emoción o experiencia deja una marca o surco en la conciencia, acorde a la digestión que de la misma haya hecho el intelecto.

Una emoción puede alimentar o indigestar y, claro, se ven más afuera que en nosotros mismos; una emoción no digerida se transforma en dosha o desequilibrio y como alimento es todo lo que entra por lo sentidos, hay pues mucho para digerir.

Vimos antes que a lo largo de nuestra evolución, nuestro ser interior (atman, alma, purusha o como se lo quiera llamar) ha atravesado miles de existencias. En cada una de ellas hubo infinidad de experiencias traumáticas. Centenares de muertes violentas, desde ser devorado por un animal prehistórico, el cráneo destrozado por la maza de algún guerrero primitivo, quemado por la inquisición, quizás guillotinado durante la revolución francesa, tal vez enterrado vivo en el derrumbe de una mina, ahogado en un naufragio o asfixiado en una cámara de gas.

A lo largo de estas existencias, vida tras vida, nuestra alma fue evolucionando, aprendiendo, pero al mismo tiempo fue grabando cada uno de estos dolores, cada una de las emociones generadas en eventos traumáticos o significativos en los propios genes, agregando a los que ya venían...

Los vasana o tendencias tienen su origen en la memoria, descargan en la vida por medio de los pensamientos; moldeando el carácter (ya antes del psicoanálisis el yoga hablaba del subconsciente).

Así, desde la memoria inconsciente se originan nuestros temores, nuestras creencias, nuestras pautas de conducta, nuestra aversión o atracción hacia determinadas personas o lugares o simplemente una melodía o una comida. Frente a cada situación de la vida cotidiana, respondemos de acuerdo a estas fuerzas del subconsciente.

La emoción cambia nuestra biología, eso vimos en epigenética, por lo tanto la comprensión de un hecho, como ser nuestra propia programación o samskara, genera una emoción que puede alterar el ADN y/o corregir dicho programa.

Si uno busca en su mente verá millones de problemas y condicionamientos del pasado y de su actual vida. Todo potenciado por nuestro ego, quien a la vez inventa o agranda los más mínimos problemas.

Violaciones, padres alcohólicos, violencia... pasan a ser karma que luego se transmite y bio decodificamos (anginas a repetición, no poder tener hijos, sostén emocional de alguien, etc.), por eso se repiten las experiencias vividas. Las emociones entran por una puerta que había quedado abierta deliberadamente.

En la RNM de positrones se muestran cómo perduran los traumas emocionales suficientemente intensos o no digeridos, dejando huella en el cerebro, identificados como imágenes redondeadas (focos de Hamer) como los surcos samskaras que ya mencionaba Ayurveda.

Así como puse por ahí que alimento es todo lo que entra por los sentidos y lo que no se digiere se hace dosha o toxina, las emociones no digeridas que Ayurveda llama samskaras o impresiones, uno puede hablar de huellas mnemocionales (mnemo: memoria).

Al final vemos que todos nuestros pensamientos y emociones se manipulan desde el exterior, transformando la mente en un suceso, una consecuencia que viene ya programada.

El agua (símbolo del amor, la tolerancia, la flexibilidad, y también del apego, de la emoción) si no está móvil se estanca, cambia su química gradualmente transformándose en tóxica, generando bichos, enfermedades, desequilibrios. Si no está móvil o cuando se evapora, que es cuando sube, y es el fuego del intelecto el que evapora el agua; el intelecto digiere las emociones negativas y, si esto no ocurre, pasan a ser toxina y variar la genética.

Ser testigo es estar atentos, sobre todo a nuestra propia mente. La identificación con la mente y el ego es lo que enferma (*idem*: "igual", *ficare*: "hacer"; creer que soy eso). Para los Vedas no es la solución buscar al constructor de nuestra prisión mental sino observar la mente, separarse de ella, ser testigo de lo que ocurre.

Este distanciamiento nos permite tener espacio y tiempo para tener otra visión de lo que pasa. Es como observar un cuadro muy pegado a él, no se puede ver ni apreciar.

La emoción nos afecta todos, nos guste o no. Creer que uno es la mente es creer en la muerte, y eso da miedo, angustia y ansiedad. Ser testigo es estar en el presente, observar, lo que no significa no actuar sino que la acción sucede, sale por sí sola aunque no haya gente activa.

La emoción es inseparable en nuestra toma de decisiones, somos seres emocionales. Pensamos, hablamos, actuamos, según nuestra emoción: De nuevo aparecen los Homo Emocionaliens.

No existe emoción o sensación sin pensamiento previo, por eso la inteligencia emocional es la capacidad de tomar conciencia de la emoción rápida y hacerla lenta para su observación, ya que cuando una emoción inunda los pensamientos, la respuesta es una reacción.

El sexo sentido

El sexo es otro tema emocionalmente kármico, es un lastre de años y años condenado, reprimido o manipulado por religiones, por la moral, por pertenencia, por tradición, por costumbre, por machismo, o por lo que fuera. Hasta hace muy poco, y aún hoy en muchos lugares, la mujer debía llegar virgen al matrimonio.

Vemos que el sexo puede ir solo como sexo, o sea vibración y sincronía entre los intervinientes, o puede ir sumado al amor lo que lo hace más sublime.

En el sexo, entonces, el objetivo es placer y/o procrear; pero luego aparece una tercera opción (no hay dos sin tres) que es el dinero, o sea la prostitución.

Ahora bien, ¿por qué tener sexo por diversión es pecado? ¿Por qué siempre fue tan condenado?. No debería ser tan serio, el hombre es el único animal con sentido del humor; para el humor se requiere una gran inteligencia... el buen humor sana.

Cuando los involucrados están de acuerdo, dos personas (o las que sean) durante el sexo actúan para intercambiar sus energías corporales, son energías entrelazadas, fusionadas en total resonancia de diversión y placer.

VIII
Conciencia con ciencia

Conciencia

Hay muchas definiciones de la palabra conciencia e inclusive diferencia de la palabra consciencia. En principio, conciencia sería el conocimiento que se tiene de algo y consciencia, el conocimiento que se tiene de sí mismo y sus acciones. La consciencia es la propiedad del ser humano de reconocerse a sí mismo y lo que le rodea y reflexionar sobre ello.

La conciencia tiene el mismo significado, pero llevado al terreno de la distinción entre el bien y el mal. Hay múltiples expresiones con la palabra conciencia que nos son válidas para consciencia: una mala acción puede suponer un cargo de conciencia, mientras que tomamos conciencia de algo cuando pensamos a fondo sobre ello y hacemos algo a conciencia cuando lo hacemos con mucho empeño.

La sutil diferencia se va diluyendo y hoy podemos oír o leer que un accidentado pierde la conciencia y nadie dice o corrige nada.

"Conciencia" viene del latín *cum scientia* y significa "con conocimiento", e implica varios procesos cognitivos interrelacionados.

Más conciencia:

- Propiedad del espíritu humano de reconocerse en sus atributos esenciales y en todas las modificaciones que en sí mismo experimenta.

- Conocimiento interior del bien y del mal.

- Conocimiento exacto y reflexivo de las cosas "actuar con plena conciencia".

- Actividad mental a la que sólo puede tener acceso el propio sujeto.

- Acto psíquico por el que un sujeto se percibe a sí mismo en el mundo.

- Autoconocimiento, reflexión, discernimiento, ética, juicio y percepción.

Vemos rápidamente entonces que podemos decir que conciencia es el registro de sí mismo y del mundo que nos rodea, registro de lo que realmente somos y de lo que nos ocurre, de nuestra identidad y de nuestro destino.

A lo largo de nuestra vida como seres humanos, vamos desarrollando conciencia, aunque en realidad a lo que llamamos conciencia también es una forma de inconsciencia.

Esto significa que la conciencia no es fija, no permanece igual a sí misma sino que tenemos la posibilidad de profundizar en nuevas dimensiones de nuestro ser, de recorrer nuevos vínculos con la realidad. "Si buscas resultados distintos, no hagas siempre lo mismo", decía Einstein. El estado de conciencia en que vivimos es el resultado de nuestra propia voluntad. En esta era moderna las comodidades materiales y posibilidad de acceso están aumentadas mucho, sin embargo la vida individual está más tensa y desvalida.

La conciencia, parece, es algo que hacemos pero en realidad nos sucede a nosotros. No es un pensamiento, la conciencia se desarrolla dentro de sí misma, no incluye la mente ni el tiempo, no la manejamos nosotros, se maneja sola; es cuántica como la intuición.

Todos los animales tienen una guía, una forma de hacer las cosas, en cambio el ser humano está libre, debe elegir. Y aunque no elija, está eligiendo no elegir. El ser humano está entre la conciencia animal y la conciencia divina; y de hecho se comporta de las dos maneras.

Conciencia es la sabiduría que se aplica a cualquier situación, no pasa ni por la mente ni por el intelecto. Es el saber sin pensar ya que la conciencia trasciende el pensamiento.

Para el Ayurveda, la conciencia es llamada chitta y es el más profundo de todos los estratos mentales, allí también se guardan todas las memorias de todas nuestras experiencias presentes y pasadas, mucho más que la memoria celular; allí se encuentra la unión con el universo, el Om, la bienaventuranza.

La raíz de la palabra chitta es chit, que es algo aún superior (sat chit ananda: "existencia", "conciencia", "bienaventuranza"). Chit es la conciencia no condicionada, es el Ser Supremo, mientras que chitta es individual y condicionada.

Nuestra conciencia también es el espacio donde interactúan con dinamismo las memorias, ya sean las tendencias o vasanas, impresiones o samskaras, y las memorias latentes kármicas.

Con ciencia

Nadie niega la ciencia (microscopios, RNM, tecnología, prótesis), pero sin conciencia la ciencia da armas nucleares, desechos tóxicos, calentamiento global, medicamentos que intoxican… Hay millones de personas que se creen vivas gracias a la medicina agresiva; hoy el equilibrio entre quienes no mueren gracias a los laboratorios empieza a verse compensado por quienes mueren a consecuencia de los medicamentos, que son cada vez más.

La ciencia es despiadadamente objetiva: pruebas concretas, objetivables, percibidas directa o indirectamente, medibles, razonables. En cambio, la espiritualidad es subjetiva, no mensurable, es la ciencia de la conciencia. Laplace tal vez fue el primero en separar religión y ciencia. A partir de ahí, la ciencia descartó la religión y la religión la ciencia. La espiritualidad quedó encapsulada en supersticiones e ilógicas tradiciones. Hasta el siglo XIX, en India se quemaban vivas a las mujeres una vez que moría el marido y aún hoy se siguen haciendo sacrificios de animales.

Quien espere pesar, medir y calcular las cosas espirituales con métrica material fracasará sin remedio, pues nunca obtendrá la deseada prueba. Einstein decía que la ciencia de la conciencia comienza cuando termina la ciencia material. Los aparatos físicos sólo sirven para objetos físicos, y el mundo espiritual no tiene peculiares aparatos con que registrar sus fenómenos.

La actitud occidental define como falso aquello que no se puede probar, basado en el método científico, en cambio la actitud oriental afirma que lo que no se puede probar debe considerarse verdadero hasta que se demuestre lo contrario

Conciencia viene pues de con ciencia, con saber, y como cualquier otra cualidad, evoluciona con el tiempo.

La conciencia es el saber cuántico, sin la estructura atómica de los neurotransmisores del cerebro, el saber del akasha o espacio con la conciencia cósmica. Pertenece a un estado relacionado con el alma y es una inteligencia mucho mayor que la de la mente e intelecto humanos. La conciencia no pasa por los pensamientos o la razón, sino más bien es un proceso que ocurre desde el interior, desde el Ser.

La conciencia es vivir el momento presente y sólo viviendo el presente se puede liberar uno del pasado. Lo que uno dice es el resultado del tiempo, el tiempo nos muestra su propia película. La mente nace a través de la palabra, la palabra viene del espacio. Si la conciencia actúa, el intelecto no es necesario. Cuando surge el saber, el pensamiento desaparece.

Hoy, el método científico debería adaptarse a la nueva fisiología cuántica y así contemplar chakras, astros, meditación, karma, mantras, etc.

La ciencia es objetiva: pruebas concretas, objetivables, percibidas directa o indirectamente; la espiritualidad, subjetiva, es la ciencia de la conciencia.

Corrige al sabio y lo harás más sabio, corrige al necio y lo harás tu enemigo.

IX
Alquimia de las partículas

En la historia de la ciencia, la alquimia era una antigua práctica proto científica (o sea, no verificada por el método científico), una disciplina filosófica que combina elementos de la química, la metalurgia, la física, la medicina, la astrología, la semiótica, el misticismo, el espiritualismo, el arte, la danza y los rituales.

En la medicina ayurvédica, *rasa shastra* es la ciencia que trata y estudia diversos metales y otras sustancias, en especial el mercurio (rasa), que se purifican y se combinan con hierbas para tratar la enfermedad. Sus métodos se corresponden con la alquimia y están contenidos en una serie de textos ayurvédicos, incluyendo el Charaka samhita y Susruta samhita. Además de mercurio, oro, plata, hierro, cobre, estaño, plomo, zinc y metal de campana se utilizan sales y otras sustancias, tales como coral, conchas de mar, cuernos, plumas, cenizas (bhasmas o vibuti).

En los comienzos de la época moderna, la alquimia dominante evolucionó en la actual química. Actualmente es de interés para los historiadores de la ciencia y la filosofía, así como por sus aspectos místicos, esotéricos y artísticos.

Podríamos decir que la alquimia de la física cuántica es la metafísica, de meta: más allá de, physis: "naturaleza", e ica: "logos", "tratado", "estudio". Se podría decir que metafísica es la ciencia que estudia más allá de la física, pero... ¿acaso no sigue siendo física?, sí, pero más allá de la física de Newton, contempla lo atemporal de Einstein, lo cuántico de Planck, Bohr, Schrödinger, mezclado con religión, misticismo, esoterismo, lo oculto, lo no demostrable o mensurable.

A nivel de las sub partículas actualmente muchas cosas de su contenido no se pueden probar o demostrar. O mejor dicho, se puede demostrar que no se pueden demostrar (indeterminismo).

La metafísica trata lo místico, lo relativo al ser en su forma abstracta y física, y lo relacionado con pensamientos, sentimientos, emociones, energía, así como lo relacionado a la enfermedad, la medicina oculta, las escuelas secretas, lo in manifestado, lo clarividente, lo telepático, lo intuitivo. Todo lo que no se puede tocar ni nombrar.

Nadie dice lo mismo sobre metafísica, es un sentimiento, algo que viene de adentro y por lo tanto muy personal.

Muchas cosas, al menos por ahora, no son factibles de clarificar, pues nuestra tendencia natural es razonar todo para esclarecer, y en lo más chiquito de todo, en la fisiología oculta cuántica, no se puede razonar; hay indeterminismo, es decir que nada es cierto y, encima, mucho depende del observador. La física no es lo que parecía ser, o al menos no sólo eso.

Einstein descubre que el espacio y el tiempo son uno solo y todo es relativo, el tiempo es afectado por la gravedad y por la velocidad, tiempo y espacio pueden no existir, y son tan sólo una medida. Todo depende de quien lo ve, y al verlo, ya se lo está modificando: éste es el principio de Incertidumbre de Heisenberg, el hecho de no poder conocer nunca de una partícula su lugar y movimiento, no se debe a la incapacidad de medirlo por parte del hombre, sino a que es una cualidad intrínseca del mundo subatómico, ya que puede ser partícula (y verla) u onda (y no verla). A ese nivel infinitesimal, la intervención del observador altera el resultado, todo depende de éste. Medir es perturbar, nunca se sabrá la verdad pues al querer verla, se la está modificando.

Así tenemos dos sutra o aforismos para definir las dos físicas, el todo es más que la suma de las partes (física de la materia, Newton), y en cada parte está el todo (física cuántica, Einstein, Bohr, etc). Lo microscópico se rige por la cuántica, lo macroscópico por la relatividad, en el medio Newton, lo cotidiano.

Volvemos a lo de siempre, nada es absoluto ni lineal. Es en esa red invisible, ese magma interlazado e inteligentísimo que no se puede ver bajo microscopio alguno, donde la fisiología y la mecánica cuántica actúan.

El principio de indeterminismo de Heisenberg destroza la teoría de Laplace del determinismo. Es la fisiología oculta la que no se puede estudiar ni medir, sin principio ni fin. Por eso es circular y nunca lineal, planetas, espacio, universo... son circulares. El tiempo es circular, como las cuatro estaciones que se repiten en círculo: otoño, invierno, primavera, verano.

Aparece una visión holográfica del universo, en la cual en cada parte está el todo: si a una fotografía la corto por la mitad, en cada imagen tendré la mitad de la muestra, pero si corto por la mitad un holograma, se comprobará que en cada mitad aparece la imagen completa inicial.

Las partículas

Un átomo, el sistema solar, la galaxia, un tornado... requieren un centro para ser efectivos y, cuanto más grande sea el centro, pues más poder tendrá.

Los átomos (a–tomos: "sin división") se creía era la partícula más diminuta encontrada, indivisible. Luego se descubrieron neutrones y protones en el núcleo y los electrones orbitando, estos últimos constituyen la única partícula verdaderamente elemental (leptones, taquiones, muones), o sea sin división; los neutrones y protones se podían subdividir en quarks.

Las partículas elementales puede decirse, que son onda y partícula a la vez, están y no están, los vemos e inmediatamente no los vemos, así como podemos verlos en dos o más lados a la vez. Es decir, en su estructura inicial son totalmente impredecibles, ya que son estructura (partícula–materia) y a la vez no la son (onda–energía). El cuanto toma partículas de la nada, se hace partícula y al instante se vuelve nada.

El átomo más modesto es el H (*hidrógeno*: que genera agua), con un solo protón (+) en su núcleo, sin neutrones (ya que los que tienen más de un protón necesitan neutrones para que no se repelan) y con un electrón orbitando.

La característica de cada elemento es el número de protones en su núcleo, así cuando varían los neutrones de ese átomo se llama isótopos; entonces el H cuando tiene un neutrón es llamado Deuterio, con una masa del doble del H inicial, y si tiene 2 neutrones es Tritio, tres veces la masa inicial. Así tenemos el agua: H_2O; el agua pesada; D_2O y el agua súper pesada; T_2O (¿estas dos últimas, homologables a Kapha?). Si aumentan los protones cambia de identidad, así el H con 2 protones es Helio y con 3, Litio.

Cuando dos o varios átomos se juntan, forman las moléculas (por ejemplo: el agua o H_2O) y pueden tener polaridad o no. Si tienen polaridad, un extremo es – y otro + y la atracción entre los polos opuestos hace que esa molécula este junta, ejemplo el agua, en cuya molécula los átomos de H tienen carga + y el O – así hacen los llamados puentes de Hidrógeno.

El tiempo, la verdad, la realidad, el prana. También son todas cuestiones cuánticas que dependen de quién las ve, ya que para el cuanto "mucho depende del observador".

La atención es prana; es un acto físico es un movimiento del pensamiento. Es la esencia de la voluntad. Atención también significa observar, percibir, ver, visualmente pero también con el ojo interno, aprender. Escuchar, comprender, los Vedas sostienen que la claridad aparece o sólo es posible cuando el pensamiento se coloca en el lugar del conocimiento y no intervienen en un otro campo

Hay que eliminar el cómo de las preguntas filosóficas porque eso conlleva una fórmula y las fórmulas no son buenas pues cada uno es especial.

Para aprender, hace falta humildad, somos muy rígidos en nuestras opiniones.

Cambiar implica tiempo, espacio, mente y prana. Aprender es cambiar de opinión; es decir, es cambiar de tiempo, de espacio, de mente y de prana.

La telekinesia (tele: "lejos", kine o cine: "movimiento") o mover objetos con la mente por ejemplo, sólo es posible si estamos todos inmersos en la sopa cuántica; al igual que las coincidencias, la telepatía, la sincronicidad, la intuición, la premonición, la reencarnación, el desdoblamiento astral... En la física cuántica, se puede estar en varios lugares a la vez, vivir el futuro, comunicarse con otros, con el pasado, con muertos, con aún no nacidos.

A nivel subatómico, la materia no existe con seguridad, sino que muestra una tendencia a existir. Estas partículas no son puntos materiales clásicos, de localización precisa, sino que son paquetes de ondas probabilistas, es decir, una superposición de movimientos potenciales en todas direcciones. La materia es un estado de vibración diferente, que como todo, está formada por los cuantos.

La teoría de Einstein afirma que materia y energía son lo mismo, sólo difieren la velocidad y vibración de sus partículas subatómicas; dice también que ningún objeto puede ir más rápido que la velocidad de la luz (casi 300.000 km por segundo) y que a esa velocidad el tiempo se detiene, no existe más.

En física, un salto cuántico es un cambio brusco del estado físico de un sistema cuántico de forma prácticamente instantánea. El nombre se aplica a diversas situaciones. La expresión salto se refiere a que el fenómeno cuántico contradice abiertamente el principio filosófico repetido por Newton y Leibniz de que *Natura non facit saltus* ("La naturaleza no procede a saltos"). De manera que, cualquier cosa que afecte a una partícula, afecta inmediatamente a las demás, más rápido que la luz afectando a todos en el mismo momento, no transmitiéndose. A este fenómeno se lo llamó "salto cuántico".

Hay muchos casos inexplicables en medicina, del día a la noche hay *restituto ad integrum* de zonas necrosadas, personas dadas por muertas que reviven... En el plano del purusha o de la espiritualidad se realiza este salto, donde se viaja sin viajar, se conoce sin leer y se mueve sin moverse. Trasciende el tiempo y el espacio, es un presente continuo donde no hay mente. La mamá siente lo que le pasó al hijo a miles de kilómetros en el mismo momento en que le está pasando. Vibraron juntos en el mismo instante.

Veamos este hipotético cuadro:

Cuanto, fotón, quark, electrón	Átomo, sustancia, materia
Dalton, Bohr, Heisenberg, Planck, Einstein, Schrödinger y siguen...	Newton y la física cotidiana
Tiempo relativo al observador	Tiempo absoluto
Atemporal	Temporal
Mente colectiva	Mente individual
Intuición	Raciocinio
Coincidencia, libre albedrío	Prefijado, determinado
Silencio / meditación	Palabra
Cuerpo / Mente / Espíritu / Universo	Cuerpo y mente por separado
Forma átomos	Forma moléculas
Circular	Lineal
Sin principio ni fin	Empieza y termina
Analógico, cambiante	Digital, exacto
Saint Germain	Descartes
En cada parte está el todo	El todo es más que la suma de las partes

Hemisferio cerebral derecho	Hemisferio cerebral izquierdo
Medicinas Ayurveda, Tradicional China, Siddha, Unani	Medicina occidental
Purusha, lo inmanifestado, lo plegado, la información, la causa	Prakriti, lo manifestado, lo desplegado, la naturaleza.

En realidad, no son excluyentes. Si vemos bien, notaremos que una columna complementa a la otra, en definitiva la columna de la izquierda dice que hay más, que no hay límites y que todo puede ser, aunque muchas de las cosas cotidianas no salgan de la segunda columna.

En física de partículas, la denominación "bosón" fue dada en honor al físico indio Satyendra Nath Bose. La existencia del bosón de Higgs y del campo de Higgs asociado serían el más simple de varios métodos del modelo estándar de física de partículas que intentan explicar la razón de la existencia de masa en las partículas elementales. Esta teoría sugiere que un campo impregna todo el espacio, y que las partículas elementales que interactúan con él adquieren masa.

Para comprender la totalidad, es necesario entender cada parte y para entender las partes, es necesario comprender la totalidad. Entonces, yendo de las partes a la totalidad y luego de la totalidad a las partes vamos integrando y sacando cada vez más conclusiones. Al fin de cuentas, cualquier afirmación que hagamos sobre la totalidad, no será más que una parte.

Todo es una probabilidad de que ocurra o suceda algo, el cuanto es una tendencia a ocurrir o suceder. Su unión vibracional con otros cuantos formará un átomo ya diferenciado, la unión de dos o más átomos ya es una molécula y varias moléculas formarán cosas cada vez mayores hasta terminar en una célula, una piedra, fuego, aire o lo que sea.

La realidad cuántica nos indica que, al morir, dejan de funcionar nuestras células, pero dentro de ellas, la danza y el baile de la información y los cuantos siguen y seguirán por millones de años. A este nivel es donde actúa la información del karma, de los registros akáshicos, de la clarividencia, sincronicidad, telepatía e intuición.

X

Ahamkara: yo, mío, mí

Ego en latín significa "yo"; ahamkara es según el Ayurveda, el "yo hacedor". El ego es el cuerpo a través de la mente, que permite que exista lo demás. El problema es la identificación (idem: "igual"; ficare: "hacer", ser creerse eso) con el ego o con la mente o con el cuerpo, con las posesiones, con el nombre, con el trabajo que uno hace, con el conocimiento, con inclinaciones religiosas, culturales, regionales, nacionales. Todo cae en el error, en el intelecto que los Veda, llaman pragna aparadha.

Con la identificación del yo, aparece la idea de mí y mío. A través de lo mío fortalecemos el yo que se aferra. El yo es dueño de las personas y de las cosas.

El ego se corresponde al elemento Tierra. Su vibración es la más dura, estable y pesada de los cinco elementos. Inamovible, resistente.

El ego es el contacto con el exterior y, como tal, mantiene un vínculo con lo externo, con el objeto, a la vez que debe proteger los contenidos de la psiquis; es una fuerza que, en equilibrio, permite recibir a través de los sentidos información que luego elaborará y volcará nuevamente al mundo exterior.

El ego es una fuerza importante y, como todo lo importante (la palabra, el dinero, el cuchillo), es peligroso. Un ego desequilibrado rechaza la aceptación y discute con lo que es, pero lo que es, es indiscutible, pues es. Siempre culpa de todo a los otros, siempre es el otro el que lo hace sufrir. Estos comportamientos se manifiestan por distintos mecanismos, siendo los más comunes la proyección (en los sueños o en el otro) y la negación.

El ego guiado por el intelecto, es sublime, para disfrutar y compartir la vida. Tiene idea espiritual del ser, entrega, devoción, auto conocimiento y respeto por todas las criaturas de la naturaleza. Vive feliz sabiendo qué es y no es.

En cambio, el ego en desequilibrio intenta fabricar la felicidad. Para ello organiza reuniones, juegos, fiestas u otorga significado a una fecha determinada; cuando en realidad ser felices depende de nosotros mismos más que de los hechos externos.

El ego cree que se va a completar en el futuro, obteniendo un puesto en el trabajo o teniendo una pareja; también se encuentra poseído por creencias y emite toda clase de prejuicios, posturas, compulsiones, comparaciones, rituales, deseos y aversiones que lo mantienen preso de angustia, insatisfacción y toda clase de sufrimientos, intentando responder afuera aquello que sólo puede responderse adentro: ¿quién soy?

El ego en desequilibrio vive quejándose, demandando y esperando de los demás; afecta todas las funciones de la mente y altera la noción de la realidad, interponiéndose en la percepción e imponiendo su propia opinión. Crea toda una serie de hábitos de los que, a menudo, uno se convierte en su esclavo.

Es el yo externo, repleto de deseos y pensamientos, todos ellos cambiantes.

La vanidad y la soberbia son cualidades del ego desequilibrado, también pasarse la mayor parte de la vida sintiéndose ofendido por algo o alguien, creérsela, identificarse con la propia imagen al punto de sentirse herido si ve a alguien más guapo que uno, o si tiene más dinero o es una persona más culta.

La comparación, la envidia, los celos, son del ego, quien trae cosas de afuera, vive de acuerdo a ellas y de ellas nos hace dependientes; convencido de que nuestra alegría y felicidad dependerán siempre de cosas externas. La idea no es no tener dinero o posesiones, sino el sentido que le damos a esas cosas.

Según los Vedas, la identificación con el ego repercute en el ser humano llevándolo a vivir en estado de permanente insatisfacción, haciéndole creer que a su vida siempre le falta algo. Lo convence de que el futuro es más importante que el momento presente, y que allí encontrará la salvación, la felicidad, la completud, ya que el ego también es pensamiento.

El ego y la mente son las causas de la mayoría de nuestras enfermedades. La mente puede hacer caer mal cualquier comida y, a la vez, hacer de la comida más pesada algo maravilloso. Si la mente y el ego están controlados o guiados por el intelecto, es difícil que aparezcan enfermedades.

Entre el ego y la mente automatizan absolutamente todo: amar, comer, caminar, trabajar... así muchos mueren sin haber vivido.

Uno de los mayores problemas al querer librarnos del ego o de la mente es que muchas veces caemos en la trampa del mismo ego (tendencia o vasana), quien se hace pasar por humilde, meditativo, religioso o espiritual.

Ser altruista y bondadoso para mostrarse ante los demás... eso también es ego, como el proclamar a viva voz que uno es humilde o generoso.

Es fácil ver el yo de los demás pero muy difícil ver el propio. Emoción viene de e *movere*, "perturbar", "sacar". La emoción surge de la digestión que hacemos de lo que nos pasa.

El temor es por el pasado o futuro, el temor es tiempo. El pensamiento es tiempo.

No se puede parar la mente o los deseos, pero sí comprenderlos, ir detrás de ellos a buscar al Ser, y como Ser, observar y ser testigo de lo que le pasa al ego sin involucrarse. Separándonos de nuestra mente y viéndola desde afuera como una herramienta útil, podemos cambiar absolutamente todo.

Vivimos la realidad en una construcción mental que los Vedas llama vikalpa. Damos por sentado que la realidad son nuestros pensamientos. Vi es un sufijo que designa "desvío", "camino errado". Necesitamos yoga (unión) pues vivimos en viyoga (desunión: pensamos una cosa, decimos otra, y hacemos otra).

La filosofía Vedanta sostiene que la mente busca seguridad en todos sus movimientos por medio del pensamiento, en cambio la conciencia no busca seguridad, es segura en sí misma. Fuera del pensamiento, nada puede caracterizar a la realidad como tal. Ser testigo quiere decir mirar al ego o a la mente desde afuera antes que interferirlos, y para ello se necesita espacio, hay que separarse de la mente como si fuera otra persona, evaluar y ser conscientes de lo que se dice y hace.

Esta filosofía dice que no hay que luchar contra los pensamientos pues luchar contra ellos es agregar otro pensamiento, siempre sale ganando la mente; la idea es separarse, observarlos, comprenderlos y transformarlos. Ego y yo, el ego no existe sin mí. La imaginación inicia el deseo, luego el ego se apega. El deseo es el combustible del pensamiento. El pensamiento es el fuego.

No se puede escapar del karma, para salir del mismo hay que salir de la mente. El karma es uno mismo. La mente genera karma y el karma genera mente. La mente es consecuencia, pero si uno está atento, los vedas dicen que dentro de cada uno de nosotros hay un mago hacedor que se despierta con la acción correcta, capaz de realizar todo lo que uno quiere.

La acción correcta es llamada dharma, la acción que no genera karma o genera karma positivo, (recordemos: punyam y papam phalam, frutos positivos y negativos). Si uno hace o no hace lo que tiene que hacer, eso le vuelve siempre... y muchas veces uno sabe lo que tiene que hacer, pero no lo hace.

Según la filosofía hindú, la acción (pensamiento–palabra–acción) y su consecuencia es karma. El karma es uno mismo. La mente genera karma y el karma genera mente, la mente es consecuencia.

Todo depende del observador, que terrible aforismo ese.

Uno elige el paso a seguir, y hay tantos futuros como pensamientos en acción tengamos. Todas las posibilidades están dadas. Al final uno mismo es el causante de su propia realidad. El mundo es una proyección mental, para unos no da más, se viene el apocalipsis, para otros está entrando una conciencia superior de lo que es la vida

Hay muchos egos que están en un estado casi constante de negación y queja mental, cortando ese fluir del prana. Negación es lo opuesto a aceptación; no se puede discutir con lo que es (o fue). ¿Cómo discutir con eso? Cada discusión lleva a la no aceptación y al desequilibrio consecuente.

Las quejas mentales son otra acción de nuestro ego oponiéndose al momento presente de lo que es, es el propio ego proyectando su vida. Algunas veces lo piensan y otras salen de la boca, es lo mismo. Se quejan de personas, situaciones, del tiempo, del país, del padre, del hijo, del jefe, de los empleados, de las vacaciones… se quejan de todo.

El desarrollo de una técnica perfecta no hace a uno sabio ni creador, puedo ser el mejor jugador (profesional, docente, etc.) del mundo y un idiota en la vida diaria.

Yo, mío, mí genera karma, el ego en el amor es tan pesado que se termina hundiendo. Dice Kahlil Gibran: "El amor sólo da de sí y nada recibe sino de sí mismo. El amor no posee ni se deja poseer".

XI
Soltar

La emoción o bronca que no soltamos se hace cuerpo en forma de quiste, tumores, fibromialgias, cefaleas, dermatopatías o problemas de piel, gastritis, etc.

El proceso de aferrarse implica conflicto y dolor, porque aquello a lo que uno se aferra no tarda en desintegrarse, en morir, ya sea coche, posición, bienes, pareja, trabajo, país, e inclusive el Universo mismo (Big Crunch o Gran Implosión). Así, pues, en el proceso de retener hay dolor; y para evitar el dolor decimos que hay que estar desligado, desapegado.

El apego trae como consecuencia esperar o demandar por algo, lo cual ya es sembrar una semilla de frustración y karma, ya que cuando uno demanda, se le niegan las cosas; la demanda es desagradable. En el proceso de apego hay dolor.

Tal vez no el miedo a la soledad, el miedo a no ser nada, el miedo al vacío, nos hacen apegarnos a algo: a un país, a una idea, a un dios, a alguna organización, a un maestro, a una disciplina, a la pareja.

Vairagya es ser libre de la dependencia de otros y del propio ego... a cualquier nivel. Desapegarse de todo, nada tiene poder excepto el que uno le dé. Y no significa no enamorarse, reír o disfrutar la vida, sino cómo uno lo hace, qué espera de eso.

Vos, él, yo... Todos tenemos problemas con la mente, todos deseamos, todos nos emocionamos. La cosa es qué se hace con eso, ya que en definitiva todo problema es un pensamiento. Dicen los Vedas: el ser humano sufre por desear algo, sufre por lograrlo, sufre por conservarlo y sufre cuando lo pierde.

Los golpes de la vida reacomodan tus teorías, el cuerpo grita lo que la boca calla, dos terribles sutras.

Antes de seguir, por las dudas quiero que se entienda que no me estoy poniendo en el rol de gurú, swami, o maestro espiritual, sino tan sólo de un transmisor del conocimiento védico. Pasa que, de tanto leerlo, escribirlo, y hablarlo uno lo empieza a ejercer y, al final, la verdad es que son increíbles los resultados.

Reaccionar con enojo siempre agrega un problema mayor al que ya teníamos. Una vez que lo dijimos o hicimos ya es irreversible. Pero también si el enojo no se digiere o canaliza, puede generar muchas toxinas. Evitar la auto justificación, es el ego hablándole al ego.

Los objetos no son ilusiones, ilusiones es lo que hacemos de ellos. La plata es real, ahora es una ilusión pensar que me va a dar amor.

Soltar, dejar ir. No esperar, ni exigir, ni demandar... son fuerzas nefastas que no llevan a nada bueno. Al igual que comparar; de todo luego hay una inmediata valoración y una mediata percepción. Soledad o libertad, depende de quién lo ve. La soledad trae miedo y ve el riesgo, la libertad trae alegría y ve la oportunidad.

Como leí por ahí, hoy parece que el silencio y el sueño son dos necesidades de la mente que se han vuelto lujos.

A veces hay que patear el tablero y poner las fichas de nuevo... Otro juego, ya que la frustración es la madre de la evolución pero sólo cuando se hace algo por ello

Más sobre el agua

El agua es el elemento más misterioso de todos, da la vida, la emoción, la memoria, el amor, la tolerancia, la paciencia, la adaptabilidad, permite la química, da flexibilidad, unión, devoción, elasticidad, compasión, relajación, frescura.

Agua es soma, Luna, mujer, ojas, yin, Kapha. Somos agua más que ningún otro elemento. El agua es la sustancia sin forma, pero se puede adaptar a cualquier forma. Es el remedio de elección en todas las enfermedades, además a través de ella se puede aumentar o bajar la temperatura corporal.

Las bacterias y bichos aman el agua, por eso el agua contaminada mató más gente que cualquier otra cosa en la historia (guerras, epidemias, etc.). Cuando se hizo el agua potable, la expectativa de vida creció 30 años.

Cuando está fluyendo, es movimiento constante y es el único elemento que está en los tres estados, con más calor es vapor, con más frío es hielo. La tensión superficial (unión entre las moléculas por los puentes de H) es tan fuerte que permite que barcos pasadísimos circulen sobre ella. Es el pensamiento con atracción: deseos, emociones, sentimientos de amor, pero en desequilibrio da apego, codicia, avaricia.

El agua es la vida, en ella se realizan todos los procesos químicos. Es la molécula bipolar más pequeña que existe, gracias a esto disuelve otras moléculas más grandes y puede transportarlas en el organismo

El agua es la emoción, por eso lloramos.

Aquellas personas, pues, que tengan más agua serán más amorosas y divinas, pero también tendrán más apego y serán más emocionales: la mujer y el dosha Kapha. Amar es tomar con la mano abierta, así tomamos toda la existencia. Amar con puño cerrado, agarrando, no deja nada de espacio y encima ahogamos.

Nada sale mal si no estamos atados a ningún desenlace, como vi por ahí, tres sutra o máximas emocionales:

- No hagas promesas cuando estés contento.
- No tomes decisiones cuando estés triste.
- No respondas cuando estés enojado.

XII
Informar o formar

Desde su inicio, la palabra "educación" es un tema controvertido y dinámico. "Educación" proviene del latín y tiene dos (o más) etimologías posibles: *educare* y *educere*. *Educare* (ex–duco) significaba "ir de dentro a fuera, formar, instruir", y *educere*, "guiar, conducir". Existen docentes que adhieren, consciente o inconscientemente, al término "educere" y otros al término "educare", es decir, forman de adentro hacia afuera y/o informan, guían.

Los que están llenos de datos saben de todo, pero no saben vivir. Muchos tienen un coeficiente de inteligencia elevadísimo pero en la práctica cotidiana son nefastos o idiotas. En definitiva, la sabiduría es la manera de poseer ese conocimiento, su manejo. Es la libertad frente al conocimiento. El conocimiento como tal disminuye, va perdiendo su valor a medida que aumenta la sabiduría.

Siempre siguiendo a los Vedas, vemos que hay dos clases de conocimiento, uno deriva del mundo que nos rodea y pasa a través de los sentidos, analizado luego por la mente; ese es el conocimiento inferior, de los nombres y las formas (nama–rupa), llamado apara vidya. Existe el conocimiento superior, para vidya, que no depende de la captación del mundo sensible sino que más bien es una revelación directa de la realidad. Saber que uno es, es natural pero realmente saber qué uno es (ese qué va con acento), es sabiduría

El conocimiento es teoría y conocer es experiencia, son dos cosas totalmente distintas. El conocimiento es útil pero lo verdadero no está ahí. El conocimiento como tal es un fenómeno de superficie y pertenece al yo, a la mente.

La experiencia va acompañada siempre de conocimiento. El conocimiento se adquiere de una sola forma, con la experiencia.

Todos los pensamientos y emociones negativas liberan sustancias químicas tóxicas que modifican no solo el fluir de la sangre, ya que pueden acelerarla, estancarla o hacerla irregular, sino que distribuyen esa toxina (cortisol, acidificación sanguínea, radicales libres) a todas las células del organismo.

Si uno busca en su mente verá millones de problemas y condicionamientos del pasado y de su actual vida. Todos potenciados por nuestro ego, quien a la vez inventa o agranda los más mínimos problemas.

La emoción es inseparable de nuestra toma de decisiones. Al final vemos que todos nuestros pensamientos y emociones se manipulan desde el exterior, transformando la mente es un suceso, una consecuencia que viene ya programada.

Observar la mente es separarse de ella, ser testigo de lo que ocurre. Este distanciamiento nos permite tener espacio y tiempo para tener otra visión de lo que pasa. Es como observar un cuadro muy pegado a él, no se puede ver ni apreciar.

La inteligencia emocional, la conciencia, el servicio, el prana... son cosas que se enseñan involucrando, formando, haciendo, no llenando de datos. Veinticinco años de nuestra vida estudiando (escuelas, colegios, universidades) aprendiendo cómo memorizar; la educación es un acto de depósito. No existe el diálogo, la crítica ni la reflexión. Se reciben los depósitos, se guardan, se archivan y se repiten. La educación actual te prepara para ser un imitador, en vez de aprender con y en la experiencia. No se aprende a nadar en una biblioteca. ¿Hemos estado realmente enseñando durante treinta años o hemos estado enseñando lo mismo treinta veces?

La educación actual es pensada en el futuro pero sólo a los efectos de dar un examen, y los alumnos están hartos de aprender. Anotan todo para el examen: aprender de memoria y repetir tal cual. Además, nuestra educación hace a la gente seria y triste. ¿Y si, en la escuela, en vez de Historia, Geografía, Lengua, Cívica, se enseñara Pintura, Servicio, Conciencia, Música, Naturaleza, Camping, Meditación? Educar no es instar a aprender a repetir de memoria palabras, sino a provocar la palabra creadora de cultura.

En nuestra educación, es la memoria y no la experiencia, lo que cuenta. Se enseña lo mental, aritmético y calculador todo de memoria. Pocas veces se transmite la inocencia, el amor, el servicio, la contemplación. La educación debería ser mental, física, espiritual, social y económica; la más alta sabiduría es el auto conocimiento, ahí nace la ciencia con conciencia. Pues la ciencia sin conciencia puede matar, y de hecho lo hace. La relación educador–educando debería ser mutua, donde los dos aprendieran del otro y crearan así un diálogo crítico, puro, con amor y científico.

Esa sería entonces la esencia, la razón, el *quid* de la educación, cultivar la inteligencia y no la memoria repetitiva. Y no estoy negando que un libro, una clase, un curso, puedan comunicar pensamientos nuevos y, ergo, uno pueda aprender algo que antes no sabía y modificar así su conducta. De hecho ojalá te ocurra algo al leer este libro.

Educar en vez de medicar, ya que doctor viene de la raíz *docere* (docencia) o sea "enseñar". Ayurveda prescribe acción, no medicación. Pero hay diferencia entre cantidad de información (por ejemplo, una guía de teléfonos) y calidad de información (un pasaje de Shakespeare). La primera ilusión es que nosotros no tenemos ilusiones o prejuicios. Nuestra mente es un prejuicio que depende del ego, eso también se debe educar. Cómo manejar el dolor, la muerte, las emociones, qué es amar, meditar, etc.

La educación actual es incompleta, superficial, insuficiente, va para un lado mientras la humanidad va para otro. Lo único que importa es el examen a rendir. Dice Osho, un poco lapidario: "Al final, todos nuestros principios son estúpidos y nuestra educación, un espanto".

La mente en la educación

"Sólo aquellos que carecen de educación filosófica convierten a los demás en responsables del hecho de que uno sea desgraciado", no sé donde lo leí pero me pareció bueno. La mente en la educación y la educación de la mente, todo un tema. En definitiva, se trata de educar la mente, ya que todo lo que vemos es traducido por nuestra mente condicionada.

Podríamos decir que existe lo conocido, lo desconocido y lo incognoscible. La mente con lo conocido está bien, con lo desconocido sabe que puede aprender, es la aventura de la ciencia, en cambio con lo incognoscible, aquello que nunca estará bajo el dominio de la mente (conciencia, Dios, física cuántica, intuición, etc.), no se lleva bien. Siempre será un misterio, en cambio el conocimiento no tiene ningún misterio; sin embargo es la conciencia y no la acumulación de datos lo que lleva a la verdad y la dicha verdadera.

La mente que no está educada, no puede educar.

El concepto de inteligencia siempre ha sido objeto de controversia. Casi todos los intentos por cuantificar la inteligencia por medio de pruebas (tales como mediciones del coeficiente intelectual u otras) son demasiado estáticos y están referidos a facultades estandarizadas y culturalmente (y en ocasiones aun ideológicamente) prejuiciadas. ¿Puede un solo concepto dar cuenta de todas las facultades intelectuales de un individuo?

Los niños pequeños experimentan un crecimiento extraordinario de nuevas sinapsis. Sin embargo, un profundo mensaje es que la plasticidad es una característica central del cerebro a lo largo de toda la vida.

El cerebro tiene la capacidad de aprender debido a su flexibilidad y esta flexibilidad reside en una de sus propiedades intrínsecas: su plasticidad.

El término "neurociencia" (que algunas veces aparece en su forma plural "neurociencias") indica que abarca todos los campos que se cruzan, sociología, neurobiología, neurociencia cognitiva, neurociencia del comportamiento, psicología cognitiva, medicina, energética, etc. La neurociencia puede dar una información importante para la educación, existen "períodos sensibles" u óptimos durante los cuales ciertos tipos especiales de aprendizaje son más efectivos.

El conocimiento es teoría y conocer es experiencia, son dos cosas totalmente distintas. El conocimiento es útil pero lo verdadero no está ahí. Aprender no es conocimiento aunque se lo ha identificado así, cuando en realidad parece ser que pasa al revés, cuanto más instruida es una persona, menos capaz de aprender es.

Sabio entonces no es aquel que tiene su mente atiborrada de información, eso es seguro. Y, desde ya, como profesor universitario que soy, no quiero decir que haya que ser un ignorante, sino más bien que el hecho de acumular más y más conocimientos no ayuda mucho, y hasta puede transformarse en una barrera para las cosas profundas y sentidas de la vida.

El conocimiento como tal es un fenómeno de superficie y pertenece al yo y a la memoria. La sabiduría nunca se puede tomar prestada, lo que se toma prestado no es sabiduría. El conocimiento prestado esconde la ignorancia, y así las personas ignorantes se creen sabias. El verdadero maestro crea maestros, no seguidores.

Las energías o emociones negativas, más que reprimirlas o expresarlas, hay que comprenderlas y transformarlas, utilizar ese poder en otra cosa. Si la reprimo, esa energía negativa me inunda. Si la expreso (mejor que reprimirla), se la mando a otro; en cambio, si la transformo, es algo sublime para todos.

La razón es el timón; la voluntad y el amor, las velas (vidya sankalpa prema). La ignorancia, justifica; el saber, condena. No hay nada más difícil que tratar con los necios y testarudos. Generan emociones negativas en el entorno sutil y siempre tienen un problema para cada solución.

Se sigue enseñando como antaño y no sabemos controlar impulsos, entender una emoción, contemplar la naturaleza, estar en paz... Los valores eternos más allá del tiempo, el espacio y la forma. Así vemos que la comunicación humana hoy es emocional más que intelectual.

Cuál es la capital de un país, cuándo fue una batalla histórica, cuál es el largo del río Nilo, logaritmos y pretéritos pluscuamperfectos..., mientras tanto, la humanidad ha tomado otro giro, ve otras cosas. Sé la capital de todos los países, la altura del Everest, el largo de los ríos y la historia de la humanidad... pero no me sé. Sé mucho pero no sé nada.

Apenas nos descuidamos, el ego y la mente se apoderan de nosotros y empezamos a demandar, quejarnos, angustiarnos, malhumorarnos, preocuparnos, etc. Así, el mediocre finge saber y ese fingir es la barrera misma para saber.

Se culpa a otros por lo que sufrimos, mientras que el propio ego es la única causa de ello. La violencia es la espada del ego; el que enseña pegando o gritando sólo enseña a pegar y gritar.

Auto educación es observarse, ver desde afuera y objetivamente nuestro propio comportamiento, las propias demandas, exigencias, quejas, culpas etc.

Auto conocerse, auto desarrollarse... Ese debería ser el objetivo de la educación: evolucionar, guiar, inspirar, motivar, saber hacer. Cambiamos con la acción, no con la opinión. La educación debería tener un fin último que sea el amor y todo lo que ello abarque (paz, servicio, voluntad, etc.).

Hay educación mental, moral, tecnológica, cultural, social, biológica… y debería haber educación de la emoción, del dolor: la ignorancia más extendida es el concepto del dolor, qué es, para qué está, cómo encararlo… (y, peor aún, cuando no se encuentra una causa orgánica para justificarlo).

No confundir opinión con conocimiento; todos opinamos, todos damos consejos. Para lo que les pasa a los demás, la tenemos re clara. La llave del intelecto es la educación, el ser humano es lo que se lo educa para ser.

Estamos saliendo de una era farmacológica importante, donde se generan efectos nocebos y placebos de las drogas, acorde a quién y cómo las dé. El efecto nocebo es aquel que ocurre cuando nos dicen algo doloroso; si esto no se digiere luego, mentalmente, se puede sufrir una serie de eventos adversos como consecuencia de creer que un medicamento o terapia no funcionará o nos perjudicará, o que no hay cura posible para la dolencia. Así uno queda atrapado en el miedo, la confusión, angustia o depresión.

El efecto placebo, por el contrario, es el despertar del doctor interno, el *vis medicatrix naturae* de Hipócrates, o sea la fuerza natural a la curación (o auto curación). Ambos efectos demuestran que el pensamiento es mucho más poderoso que el medicamento.

Hay enfermos sin enfermedad.

Hasta hace poco se creía que las dolencias no eran tomadas en serio si los médicos no medicaban; parecía que el R/P era el certificado de recuperación garantizada. Inclusive hoy día muchas personas tienen colecciones de medicamentos influenciadas durante años por la compulsiva propaganda en TV de los laboratorios; donde ya desde chico a uno le hacen ver como que es natural enfermarse y tomar drogas.

Ahora ya somos muchos los que pensamos distinto, los que no creemos en el paradigma farmacológico. Con la mente adecuada, la medicación es innecesaria, sin la mente adecuada la medicación es ineficaz. Cada uno es la sociedad y si cada uno cambia, pues cambia la sociedad.

Las familias también educan

La familia no sólo es importante para educar a los niños y fomentar su aprendizaje, sino que también genera una serie de hábitos y dinámicas que son de gran interés por su influencia en los aspectos mentales que pueden generar en alguno de sus miembros. Hay muchos tipos de familias; para bien o para mal, la familia es un karma.

Familias numerosas, familias de solo dos integrantes, familias estructuradas, desestructuradas, felices, apáticas, violentas... Depende mucho de la personalidad de sus miembros y, cómo no, de las circunstancias. No todas las familias son nidos de amor, confianza y afecto, hay padres que golpean y violan, madres sobreprotectoras, que abandonan... Estas relaciones familiares disfuncionales han sido estudiadas para establecer vínculos entre estas formas de relacionarse y la aparición de algunas enfermedades.

Cada familia tiene sus propios estilos educativos: las hay más democráticas y más autoritarias, las hay más abiertas y liberales y también más cerradas e impermeables. El vínculo familiar que se establece entre padres e hijos es clave e influirá sobremanera en la personalidad, las creencias y la salud mental del niño.

Lo cierto es que no podemos educar igual que antes, y para eso tenemos que cambiar primero los educadores. Debemos aprender nuevas reglas, cambiar el paradigma (modelo según la época). Somos una generación de cambio.

Estamos fabricando nuestro karma ahora, y si no crees en el karma, pues estás fabricando tu destino, tu futuro, o como lo quieras llamar, ahora mismo. Aprender es en el presente activo, la experiencia, el conocimiento habla de condicionamiento del pasado, así moldeamos nuestra vida acorde a lo que conocemos (cultura religión o costumbres que nos inculcaron donde nos tocó nacer). Cuando uno deja el conocimiento de lado, empieza a ver lo real, o sea el ahora.

"Dime y lo olvido, enséñame y lo recuerdo, involúcrame y lo aprendo", Benjamin Franklin.

Educando al paciente

El médico según el paciente, por el Dr. Florencio Escardó:

- El médico es el profesional al que llamamos para que confirme el diagnóstico que previamente nos hemos hecho.

- Si coincide con nosotros, nos preguntamos por qué lo hemos llamado; si no coincide, dudamos de su valor.

- Si nos receta, pensamos que es mejor que el organismo se defienda solo.

- Si no nos receta, pensamos cómo es que se nos va a pasar la enfermedad.

- Cuando nos curamos, nos enorgullecemos de nuestra naturaleza.

- Cuando nos empeoramos, maldecimos la torpeza del médico.

- Si el médico es joven, decimos que no puede tener experiencia.

- Si es viejo, que no debe estar actualizado.

- Si sabemos que va al teatro, que no se da tiempo para estudiar.

- Si no sabe nada de teatro, que es un unilateral que desconoce la vida.

- Si se viste bien, que quiere nuestro dinero para lujos.

- Si se viste mal, que no trabaja porque no sabe nada.

- Si viene varias veces, pensamos que acrecienta las visitas porque quiere aumentar sus honorarios.

- Si viene discretamente, que abandona al enfermo.

- Si nos explica lo que tenemos, que nos quiere sugestionar.

- Si no nos explica, que no nos considera suficientemente inteligentes para entenderlo.

- Si nos atiende enseguida, creemos que no tiene pacientes.

- Si nos hace esperar, que no tiene método.

- Si nos da el diagnóstico de inmediato, que nuestro caso es fácil.

- Si tarda en dárnoslo, que carece de ojo clínico.

"El médico es el pretexto ideal de nuestra disconformidad", Dr. Escardó.

XIII
Religión, re ligar, re unir

Religar es re ligar, o sea re unir la conciencia con el alma
y con el todo, más allá de toda fórmula o ritual. Es el conocimiento de nuestro profundo ser. Toda religión conlleva filosofía, mitología y rituales. La filosofía tal vez sea la
esencia o base de la religión. Instrumentos de la religión
como templos, lugares sagrados, rezos, etc., proveen un
lugar y espacio para suavizar la aspereza de la vida, un
descanso de la vida rápida y estresada.

La mitología la explica e ilustra por medio de fábulas y
cuentos asombrosos. Los símbolos y lo simbolizado ayudan a develar las ideas abstractas y sutiles. Es más, la palabra misma es un símbolo del pensamiento.

Los rituales, templos e imágenes le dan una forma más
concreta a la filosofía para que todos puedan alcanzarla, así
tienden a despertar, en la mente de los devotos, las ideas
simbolizadas por esas cosas concretas. Claro que rituales
hechos sin sabiduría terminan en tradición forzosa de religión y eso conlleva hipocresía. Las religiones deben tirar
abajo viejas tradiciones, actualizarse a la par de la vida.

La religión es devoción, ergo serán más devotos los que tengan más agua, esto es de por sí las mujeres y los dosha Kapha y Pitta en ese orden. Vata no es buen seguidor, tampoco buen líder. Podríamos decir que la religión puede ser o actuar en forma sáttvica, rajásica o tamásica. Las rajásica y tamásica han creado mutilaciones, sacrificios, muertes, celibatos forzados, poder, pedofilia, etc.

Ahora bien, ¿es necesario el sistema de creencias? (ya sea hindú, cristiana, musulmana o la que fuera). Veamos algo más de religión ciega, sin ver lo que pasa, ya que en nombre de Dios se ha matado muchísima más gente de la que se ha salvado; parece que el cristianismo siempre se ha propagado por la espada.

La mente es la que tiene miedo de morir porque no entiende dónde está su verdadero ser. Inventa religiones, dioses, seguros sociales, sociedades, clubes, asociaciones, iglesias, templos, santuarios, etc., no quiere ni sabe estar sola.

Muchos piensan que un sacerdote es un ser superior ante el que uno se debe rendir y hasta contarle sus intimidades. Cuando existe una autoridad externa, se crea una especie de esclavitud. Dice la filosofía Upanishads: aham Brahmasmi, que significa "yo soy Dios, yo soy la conciencia cósmica".

La religión también es un karma

La hipnosis de la religión, la sociedad, los padres, la programación y el condicionamiento, pueden hacer de cualquier vida el peor de los infiernos. ¿Por qué esa necesidad de creer en algo? Las religiones han asustado al hombre y, cuando éste está lleno de miedo, está listo para someterse. ¿Cómo asustarlo? Fácil: condenando la vida y todo lo que sea natural ("Si lo haces, irás al infierno").

Los animales y las plantas no necesitan a Dios y son totalmente felices. No hay leones musulmanes ni católicos, hayan nacido donde hayan nacido (tampoco son argentinos ni peruanos). La existencia es lo real, Dios es la ficción. La existencia no es creación de ningún pensamiento. La religión no es amiga del pensamiento.

Hay que rendirse y estar atento al camino, a nada más. El deseo individual es secundario, del ego. No hay ninguna meta ya que es un camino sin fin. Ser, verdad, alma, espíritu, dios, última realidad, lo supremo, o como se lo quiera llamar no es un pensamiento.

Lo que creemos que somos grita tanto que no nos deja escucharnos. Donde nazcas será tu religión, acá a mí me tocó el catolicismo.

Va chisme: pocos saben que Cristo no se refiere a la cruz, sino que significa el ungido (a los reyes se les ponía aceite para coronarlos), el mesías. El término "mesías" a su vez proviene del hebreo מָשִׁיחַ (mashíaj, "ungido"), y se refería a un esperado rey, del linaje de David. Se le denominaba así ya que era costumbre ungir en aceites a los reyes cuando se los proclamaba. Los apóstoles (enviados, elegidos) emitían evangelios (*eu angelo*, buen mensaje), o sea la narración de la vida y palabras de Jesús, que fueron recompilados en la Biblia (del griego τα βιβλία, ta biblía, "los libros"), conjunto de libros canónicos del judaísmo y el cristianismo.

Ya del verdadero Jesús no queda nada; en nombre de él se ha mutilado, torturado, matado, ahora la religión ya es política, poder, fuerza social, nada que ver con Jesús. El exceso de devoción conlleva un defecto de pensamiento, el devoto deja de pensar. Vemos gente que cree en Dios y gente que no cree... ¿y qué diferencia tienen?, ¿qué cambia? Exista Dios o no, la gente sigue siendo la misma. Un ateo no es peligroso, en cambio sí el fanático religioso. ¿Qué sentido tiene correr cuando estamos en la carrera equivocada?

Dios es uno mismo y podemos cambiar la palabra Dios por Vida, ya que todo es sagrado excepto la mente. Y no estoy diciendo que no haya monjes, sacerdotes o rabinos piolas; no, esto va más allá del individuo. Dios es uno y la cuestión es hacer, no hablar u orar. Recordemos el sutra latino *res non verba* (hechos, no palabras). Dejar de cuestionar y empezar a ser; muchos son religiosos teóricos pero ateos prácticos.

No es ser más espiritual hacer yoga o meditación si en la vida diaria no cambia nada; convertirse en vegano orgánico, prender inciensos, recitar mantras, usar ropa holgada o viajar a la India y leer libros sobre iluminación espiritual, muchas veces es sólo un cambio de postura, para sentirse uno superior; y la idea de que uno es superior es la indicación más grande de que cayó en otra trampa sutil del ego.

Es el mismo ego que viene por la puerta de atrás: "Yo soy vegetariano, ¡¿vos no!?".

Inclusive ese ego menosprecia a aquellos que no están siguiendo su camino espiritual, cuando el único camino espiritual que existe es ir hacia adentro, no para la tribuna. Afuera no hay nada sagrado si no sale de adentro, y si sale de adentro afuera todo es sagrado.

Los cambios deben producirse desde el interior, desde una profunda comprensión. Por eso sirven de poco las dietas o actitudes forzadas, o forzar a la gente a ser feliz con tu felicidad: a nadie le interesa tu cielo, decía Divididos.

El matrimonio parece un calvario más que un augurio. No se puede asegurar una emoción toda la vida, luego uno sufre por mantenerlo, pero no se puede amar cuando el amor ha desaparecido. Son pocos los matrimonios que no se han separado alguna vez. Ahora la mujer no necesita bancarse nada; hasta hace poco y, aún hoy, la espiritualidad y la religión están encapsuladas en ilógicas tradiciones. La castidad, por ejemplo, no es una virtud.

La pasión ciega, la idea es no vivir en ignorancia siguiendo falsas doctrinas sino sentir el rezo, mantra o ritual, realmente desde adentro, y que ello me lleve a estados diferentes de conciencia. La hipnosis de la religión, la sociedad, los padres, la programación y el condicionamiento, pueden hacer de cualquier vida ser el peor de los infiernos.

El amor no es sentimiento ni emoción, ya que estos son meras sensaciones. Alguien llorando por Jesús es emotiva, simplemente sentimental, tal vez un proceso del pensamiento y el pensamiento jamás puede ser amor. Una persona emotiva puede fanatizarse, puede ser incitada a odiar, pelear, ir a la guerra.

Es la religión, ir a la iglesia, rezar, rituales, dogmas… ¿o una búsqueda del ser, un viaje interior, amor, servicio? Escucho los sermones pero en casa soy amargo, iracundo, envidioso, xenófobo, violento o deshonesto.

La idea no es sólo estar libre de pecados, sino libres de cualquier Dios que no sea nuestro intelecto. Construimos a nuestro alrededor enormes estructuras nacionalistas, religiosas, científicas, sociales, etc. y a través de ellas miramos la vida. Cuanto más rígida e inflexible es una estructura, más frágil es y se sufre más. El correcto escuchar es la clave de la transformación. Cuando una persona profundiza en la espiritualidad, ya no ve las distintas religiones, no son necesarias.

Una anécdota mía de cuando era cirujano ortopedista antes de ser médico Ayurveda: luego de una cirugía voy a ver a mi paciente. Había salido todo diez puntos. Le comunico al paciente y a sus familiares allí presentes que salió todo bien (nunca que salió perfecto, ya que lo perfecto es enemigo de lo bueno, sutra o aforismo quirúrgico). El paciente me mira y me dice:

–¡Gracias a Dios salió todo bien!

–Claro –contesté y cariñosamente seguí–. Pero, ¿por qué gracias a Dios? ¿La operó él? –le contesté risueñamente.

–No, pero guió sus manos...

–Ah, ¡qué bien!, pero si la cirugía salía mal la culpa es del cirujano, ya no guió Dios, ¡así es fácil ser Dios! Si sale bueno es de él; si no, la culpa es del que opera...

Risas generales.

XIV
Seguimos de mentes

No ven nuestros ojos sino nuestros pensamientos; luego, ese pensamiento es expresado en palabras y ejecutado en acciones. El pensamiento tiene un poder tremendo, son cosas vivas. Puede curar enfermedades. Puede transformar la mentalidad de las personas. Puede hacer cualquier cosa. Puede producir maravillas, pero creer que inteligencia es tener datos, saber almacenarlos y luego recordarlos... se puede seguir siendo un estúpido con memoria nomás. El intelecto aparece con el uso de ese conocimiento.

El pensamiento crea el mundo. El pensamiento da vida a las cosas. Los pensamientos desarrollan los deseos y excitan las pasiones.

Cada acción va precedida de un pensamiento, ergo para cambiar la acción (karma) hay que cambiar de mente, pues la mente automática no tiene problemas... es un problema. Lo primero que hay que sospechar es de nosotros mismos pues el pensamiento vive en la jaula del ego. Nuestros pensamientos están coloreados por nuestro carácter, hay que estar atentos y no dejar que nuestro cerebro lea las impresiones del pasado

Nuestro cuerpo y todo lo que existe es un producto del pensamiento, este puede hacer cualquier cosa, puede producir maravillas, hasta puede matar pero… la consigna entonces es evaluar al propio pensamiento con otro pensamiento, ¿pero eso no es más de lo mismo?, ¿cómo puede ser?

Sí, puede ser (es más, todo puede ser); pasa que este último pensamiento tiene o sigue otras reglas, otros patrones. Este pensamiento primero acepta, y cree que eso es lo mejor que le hubiera pasado, pues ya pasó; es simplemente inteligente pensarlo así (*si pasó, conviene*). De paso, siempre podría haber sido peor también. Luego, estas nuevas reglas de pensamiento hacen que el mismo actúe sobre esa aceptación, o sea no queriendo forzar, negar, o proyectar, alguna otra realidad. Esa acción posterior a la aceptación es diferente ya que conlleva desapego del resultado de la acción: eso es lo que hay que hacer, más allá de las consecuencias, que en definitiva no dependen de uno.

Creemos que la mente lo es todo pero luego vemos que la mente no soy yo, son mis pensamientos. La mente cree que es yo y que termino en la piel… pero, ¿qué es esa cosa que llamamos yo? Recuerdos, tan sólo eso.

¿Yo qué o quién soy, si no tengo memoria?, es más, podríamos decir que cada uno es víctima de su memoria. El cuerpo es mucho más antiguo que la mente. Primero fue roca, la mente no estaba, luego agua y planta, y la mente no estaba, luego fue animal y por millones y millones de años, la mente no estaba. El cuerpo tiene miles de millones de años, la mente habla de más. El cuerpo no quiere más comida, pero la mente dice comamos más que es rico. La mente se usa mucho y el cuerpo cada vez menos, él tiende a la auto curación, pero padece de muchas patologías causadas por la mente.

La mente no es un órgano sino tan sólo nuestros pensamientos, pensamientos que van tan rápido que nos parece que hay continuidad. Viene un pensamiento y después otro y atrás otro y así hay tan poca separación entre ellos que no se percibe el intervalo entre uno y otro, así dos se unen y dan idea de continuidad, "habla" tanto la mente que conscientemente nunca para, sólo en sueños... y en los que hacen meditación.

La acción va en una dirección, cuando el pensamiento en otra y el sentimiento en otra. Cada vez estamos más fragmentados, nos vamos haciendo pedazos. La mente creó la tecnología que se ha hecho tan potente que estamos convirtiéndonos en un peligro para nosotros mismos. Esta tecnología ha cambiado tanto al mundo que ya la gente no se siente cómoda en él.

Los dinosaurios se extinguieron luego de un florecimiento de 150 millones de años. Nosotros, que estamos aquí hace poco, ya somos la primera especie que ha concebido los medios para la destrucción total del planeta. Hambre, bombas nucleares, biológicas, falta de agua o alimentos, superpoblación, contaminación, ozono, virus, epidemias, qué sé yo, hay tantas razones posibles que a veces me invade esa fea sensación (¿intuición?) de que vamos a extinguirnos por culpa nuestra.

Estamos atrapados en la mente. Dejamos a la mente que nos guíe y nos transformamos en sus esclavos. Controlar la mente para los Vedas es la tarea más ardua de un ser humano, un cambio profundo en las creencias, no un mero cambio de pensamiento.

La mente es el primer lugar de partida para una mejoría o purificación; en realidad, la mente es la base de toda curación; puede ser un arma útil ya que nos da la capacidad de presentar cualquier reacción que deseemos.

Nuestras iras, peleas, miedos, envidias, rencores salen expulsados del corazón en cada átomo de nuestras células, a quienes enfermamos luego. El corazón late lo mismo que la mente.

Al final estamos de mentes, vemos que todos nuestros problemas son un pensamiento, ergo si cambiamos la forma de pensar, el problema, pues, cambia. ¡Y si paramos esa forma de pensar, el problema para! Comprender con el intelecto para no ser de–mente.

Dice el maestro zen Thich Nhat Hanh:

"No te defiendas. Cuando tratas de defenderte estás dando demasiada importancia a las palabras de los otros y das más fuerza a sus opiniones. Si aceptas el no defenderte estás mostrando que las opiniones de los demás no te afectan, que 'escuchas': Que son simplemente opiniones y que no tienes que convencer a los otros para ser feliz. Tu silencio interno te vuelve sereno. Practica el arte de no hablar. Progresivamente, desarrollarás el arte de hablar sin hablar y tu verdadera naturaleza interna reemplazará tu personalidad artificial, dejando brotar la luz de tu corazón y el poder de la sabiduría del 'noble silencio'. Respeta la vida de los demás y de todo lo que existe en el mundo. No trates de forzar, manipular y controlar a los otros. Conviértete en tu propio maestro y deja a los demás ser lo que son o lo que tienen capacidad de ser. Instálate en el silencio y la armonía de todo el universo".

XV
Campos morfo génicos y masa crítica

Por generalización, masa crítica se refiere a un fenómeno por el cual, una vez que una cierta parte de una población ha oído hablar de una nueva idea o aprendido una nueva habilidad, la difusión de dicha idea o habilidad entre el resto de la población se produce en forma instantánea, a través de lo que Rupert Sheldrake llama un campo morfo génico, es decir, en este campo están almacenados en una memoria colectiva los acontecimientos anteriores y los sentimientos relacionados de un grupo. Siguiendo estos campos, la información nunca se pierde e, inclusive, hay una memoria colectiva, así como una mente colectiva donde las ondas se hacen pensamiento (objeto).

Científicos japoneses estaban llevando a cabo un estudio sobre los macacos japoneses en la isla de Koshima. Supuestamente estos científicos habrían observado que algunos de estos monos aprendieron a lavar batatas (camotes), y poco a poco este nuevo comportamiento se extendió a través de la generación más joven de monos de la manera habitual: a través de la observación y la repetición. Watson afirmó entonces que los investigadores habían observado que una vez que se alcanzó un cierto número crítico de monos, el llamado "mono 100", la conducta aprendida se extendió instantáneamente por las islas cercanas, cruzando el mar.

En las constelaciones familiares aparecen los campos morfo génicos, y vemos cómo esa emoción viaja por todos los concursantes a través de la pranósfera. Así como una emoción daña, otra emoción comprende y sana: epigenética.

Vemos una bandada de pájaros gigantes y, de golpe, cambian todos de dirección, todos para el mismo lado. Ocurre con las hormigas, peces y todo ser vivo que está sumergido en este campo morfo génico donde la información circula.

Este campo estaría constituido por las formas y actitudes de todos los individuos pasados de dicha especie, y su influencia moldearía a todos sus individuos futuros: "Cada especie animal, vegetal o mineral posee una memoria colectiva a la que contribuyen todos los miembros de la especie y a la cual conforman. Si un animal aprende un nuevo truco en un lugar (por ejemplo, una rata en Londres), les es más fácil aprender a las ratas en Madrid el mismo truco. A cuantas más ratas londinenses se les enseñe ese truco, tanto más fácil y rápido les resultará a las ratas de Madrid aprenderlo".

Ello permitiría explicar cómo adquieren los animales sus instintos, incluidas las complejísimas habilidades que muestran algunos animales desde pequeños.

El código genético, es decir el ADN, sólo describe los aspectos menos sutiles de la herencia, nosotros incorporamos nuestra forma a la memoria colectiva de la especie, engrosándola e incrementando así su influencia.

Todos nosotros hemos crecido con la idea de que los recuerdos están almacenados en el cerebro. Usamos la palabra "cerebro" de manera intercambiable con "mente" o "memoria". Aunque, como se está comprobando, el cerebro es más un sistema de sintonización que un dispositivo de almacenamiento de memoria. Uno de los argumentos principales para la localización de la memoria en el cerebro es el hecho de que ciertos tipos de daño cerebral pueden conducir a una pérdida de memoria. Si el cerebro es dañado en un accidente de coche y alguien pierde la memoria, entonces la suposición obvia es que el tejido de la memoria ha debido ser destruido. Pero esto no es necesariamente así.

Como leí por ahí, si dañara tu aparato de TV para que fueras incapaz de recibir ciertos canales, o si hiciera enmudecer al aparato de TV mediante la destrucción de la parte relacionada con la producción de sonido a fin de que todavía pudieras recibir imágenes pero no sonido, esto no probaría que el sonido o las imágenes estaban almacenadas dentro del aparato de TV. Meramente demostraría que yo había afectado el sistema de sintonización para que tú no pudieras ya recibir la señal correcta. La pérdida de memoria por daño cerebral no prueba ya que la memoria esté almacenada dentro del cerebro. De hecho, la mayor parte de la memoria perdida es temporal: la amnesia que sigue a una conmoción, por ejemplo, es a menudo temporal. Esta recuperación de memoria es muy difícil de explicar en términos de teorías convencionales: si los recuerdos han sido destruidos porque el tejido de memoria ha sido destruido, no deberían regresar de nuevo; y sin embargo a menudo lo hacen.

Ha habido muchos intentos de localizar trazas de memoria en el interior del cerebro, el más conocido de los cuales fue realizado por Kart Lashley, el gran neurofisiólogo americano. Entrenó ratas para que aprendieran trucos, después cortó pedazos de sus cerebros para determinar si las ratas todavía podían hacer trucos. Para su asombro, encontró que podía retirar más del cincuenta por ciento del cerebro –cualquier 50%– y no había virtualmente ningún efecto en la retención de este aprendizaje. Cuando retiró todo el cerebro, las ratas no podían realizar ya los trucos, así que concluyó que el cerebro era necesario de algún modo para la ejecución de la tarea, lo cual no es precisamente una conclusión muy sorprendente. Lo que fue sorprendente fue cuánto del cerebro podía suprimir sin afectar a la memoria.

Lo que Lashley y Pribram (al menos en alguno de sus escritos) no parecen haber considerado es la posibilidad de que los recuerdos pueden no estar almacenados en el cerebro en absoluto. La idea de que no están almacenados en el interior del cerebro es más consistente con los datos disponibles que con las teorías convencionales o la teoría holográfica.

Al considerar la teoría de la resonancia mórfica de la memoria, podríamos preguntar: si sintonizamos con nuestros propios recuerdos, entonces ¿por qué no sintonizamos también con los de otras personas? Pues lo hacemos, debido a que hay una memoria colectiva con la que todos nosotros estamos sintonizados, la cual conforma un trasfondo contra el cual se desarrolla nuestra experiencia y contra el cual se desarrollan nuestros recuerdos individuales. Este concepto es muy similar a la noción de memoria colectiva y las neuronas espejo, aquellas células que se activan sensorial y motrizmente frente a otro acto. Esto se evidencia más en los animales y los bebés, terreno de la neurociencia cognitiva social, el aprendizaje por imitación.

También la empatía con el otro, sentir lo mismo, ¿se transmite todo por los campos mórficos? Jung pensaba en la memoria inconsciente como una memoria colectiva: la memoria colectiva de la humanidad. El conocimiento existe, el hombre sólo lo descubre. Según Jung, la gente estaría más sintonizada con miembros de su propia familia y raza y grupo social y cultural, pero que no obstante habría una resonancia de fondo de toda la humanidad: una experiencia común o promediada de cosas básicas que toda la gente experimenta (por ejemplo: la conducta materna y varios patrones sociales y estructuras de experiencia y pensamiento). No sería tanto una memoria de personas particulares del pasado como un promedio de las formas básicas de las estructuras de memoria; estos son los arquetipos. La noción de Jung de inconsciente colectivo tiene extremadamente buen sentido en el contexto del enfoque general de esta nueva manera de ver la biología. La teoría de la resonancia mórfica conduce a una reafirmación radical del concepto junguiano de inconsciente colectivo.

Esto indica que también podríamos sintonizar con el inconsciente de otras personas, y ello nos acerca al inconsciente colectivo postulado. La sintonización por resonancia con la memoria reciente de otras personas puede igualmente dar explicación de fenómenos como la telepatía.

Aclaro, como siempre, que todo lo que escribo en algún lado lo leí, escuché, me enseñaron, copié, memoricé... y algo tal vez me salió o imaginé; y qué importa. Todo pertenece al pull de pensamientos de los campos mórficos; muchas veces nuestros propios pensamientos vienen de afuera y así, a través de estos campos, un pensamiento puede invadir otras mentes, con sólo pensarlo.

Nuestros pensamientos toman forma en algún lugar en el espacio y activan potenciales que otras personas pueden usar de una forma inconsciente, haciéndonos co responsables de todo lo que ocurre alrededor.

Según la masa crítica, cuando un determinado número crítico de individuos logra un estado nuevo de conciencia, esta nueva vibración puede ser transmitida al resto de la sociedad (para bien o para mal, tal es el caso las guerras, hinchadas de fútbol desbordadas, etc.).

Cuantos más seamos los que pensemos, sintamos y vivamos de una forma positiva, más influiremos en el cambio de nuestro mundo, de ahí la importancia de la masa crítica del pensamiento positivo.

Tal vez este naciendo una nueva vibración alta de pensamiento, una nueva forma de ver las cosas y si esta nueva conciencia llega a su masa crítica, esa fuerza natural se esparcirá por el planeta.

XVI
Qué hacemos con el karma

"Nunca encontré a nadie que me traiga tantos problemas como yo..." .

Ya entender que vivimos la realidad en base a nuestro karma, como un filtro de todo lo que ingresa y egresa, es hacer mucho. Hay que estar atento, muy atento al juego de la mente (igual, siempre encuentra su huequito para expresarse la muy ladina…).

Vairagya, vimos, es la acción desinteresada, del servicio, de la acción sin recompensa, del desapego de la acción (vairagya es sin búsqueda de resultado de la acción, eso es lo que hay que hacer). La acción puede llevarse a cabo con apego o libre de apego. La acción con apego implica que el actuar se realiza sólo como un medio para buscar la gratificación que las cosas proporcionan a los sentidos; es decir, que la mente y la acción se dirigen irresistiblemente a los objetos de deseo y placer, permaneciendo por ello atada a los mismos. Esta forma de acción es, precisamente, la que genera el karma (ley de causas y efectos) pues genera expectativa y demanda, búsqueda de resultados para el ego:

La acción buena o mala depende en gran parte del motivo que lo impulsa. Donar para la tribuna no es caridad, matar (por ejemplo, un policía para evitar que maten a un inocente, o en la guerra) puede llegar a ser lo correcto.

La acción correcta (dharma) no trae ninguna atadura causal o kármica. El dharma es despegarse de los resultados y del sentimiento de ser su ejecutor, tal como nos cuenta la *Bhagavad Gita*. Con respecto a ese dharma o actitud correcta que veremos luego (también significa escuela, disciplina, enseñanza, entre otras cosas), no es lo que uno hace lo que cuenta si no la actitud durante la acción, el motivo debe ser puro.

Lo que sea que tenga uno que hacer, pues hacerlo lo mejor que pueda. Pero renunciando a los resultados, es el desapego de la acción lo que disolverá las semillas kármicas como el samskara. Desapego de los resultados también significa desapego de la clase de trabajo en sí mismo. No hay tarea que sea inferior o superior a otra tarea diferente, en definitiva todos servimos a alguien.

Hay que entender que nuestra vida no está predestinada por el karma. El karma está sostenido por el deseo y por la aversión, o sea, en la ignorancia de nuestras tendencias. El karma es tiempo, por eso una de las formas de salir del karma es vivir el ahora (*sin tiempo*) haciendo morir el pasado en cada momento. Entonces, lo único que uno necesita es estar consciente, vivir el presente.

Karma chikitsa, tratamiento del karma

El Ayurveda reconoce tres tipos o caminos de tratamiento (trimarga chikitsa):

1. Daivavyapashraya, que depende de cuestiones cuánticas, fe, alma, karma.

2. Yuktivyapashraya, biológica, corporal.

3. Sattvavajaya, que depende del autocontrol desarrollado a través de la concentración de la mente y el desapego. El intelecto como una herramienta

El ego, si no es controlado por el intelecto o buddhi, introduce el principio de división a través del cual la conciencia es fragmentada. Junto con el ego, la mente crea el proceso de auto identificación. Se crea la autoimagen, o soy-la-idea-de-cuerpo, y resulta en la sensación de separación del Yo.

Vimos que el ego en desequilibrio afecta todas las funciones de la mente, mientras que el intelecto es la parte de nuestra conciencia que articula la racionalidad y nos trae la luz para tomar decisiones y determinaciones.

Buddhi es auto conocimiento, auto indagación, aprendizaje, educación, conocimiento y juicio. Está relacionado con el agni y es el guardián de lo que entra por los sentidos. Es quien dice el camino a seguir (pathya), relacionado con el discernimiento o viveka (discernimiento entre el sujeto y el objeto), la aceptación o santosha (que genera espacio, ergo, prana) y el desapego del resultado de la acción, conocido como vairagya. Como siempre, doy los nombres en sánscrito no para marear, sino para el que quiera ampliar por internet o simplemente ir conociendo otro idioma.

A la mente pertenece al saber o conocimiento inferior (apara vidya), mientras que la conciencia es el saber superior (para vidya). El intelecto es el camino del discernimiento e inteligencia que sirve de puente entre la mente y la conciencia.

Los Vedas recomiendan buenas acciones (sáttvicas, de servicio, con desapego del resultado o sea no esperando nada), para las enfermedades producidas por el karma. Sería el dharma para el karma, y lo sistematizamos en 18 ítems:

1. **Mantra**: Uso de himnos y palabras sagradas con potencial espiritual, mantra significa: instrumento de la mente. Hay 84 nadis en la bóveda palatina que, al ser estimulados por cierta frecuencia musical, estimulan al hipotálamo, que libera neurotransmisores. Mantra es sonido, vata, espacio, tiempo y mente.

2. **Aushadi**: Contacto con hierbas y sustancias acorde (a desequilibrio, dosha, clima, emoción, etc.). Mani: Contacto con gemas y piedras, acordes.

3. **Neo chikitsa** (nuevos tratamientos): biodescodificación, reprogramación de ADN, epigenética, etc.

4. **Jyotisham**: astrología.

5. **Brahmacharya**: maestría de los sentidos.

6. **Upahara**: Alimentación de los pobres como símbolo de misericordia.

7. **Homa**: Sacrificios o rituales con ghee, fuego (yagna) y sustancias fragantes, acompañados de plegarias auspiciosas.

8. **Yoga**: Yama y niyama, práctica de hábitos saludables y observancias conducentes al autocontrol.

9. **Upavasa**: Ayuno como forma de purificación.

10. **Satsanga**: Buenas, sanas compañías.

11. **Seva**: Servicio a todos y todo. Servir y sonreír sin esperar nada.

12. **Yatra gamana**: Visita a lugares sagrados. Peregrinación.

13. **Dhyana**: Meditación, mantras: dice Dayananda Saraswati "en la meditación se repite el mantra una y otra vez, no mecánicamente sino conscientemente; uno no pasa a la siguiente repetición sin ver y hacer suyo el silencio, el mismo mantra se repite para evitar la posibilidad de una acumulación de pensamiento con completo estado consciente del silencio entre dos cantos sucesivos, así uno evita hacerlo mecánico y, si se repite el mantra con este entendimiento, la mente mora silencio".

14. **Nidra**: Inspiro profundo, lento, relajado. Exhalo y suelto, sonrío.

Nidra significa "sueño" y también "hipnosis" (hipno: "sueño"; osis: "más", "deformación"), relajación, la visualización, el sueño. Yoga nidra es la importancia de la relajación. El insomnio es una fuerza Vata y es llamado nidra nasa. El sueño, por su parte, produce relajación física y psíquica, los sueños dificultan esa relajación ya que la mente tiene emociones y pensamientos. Nidra produce relajación física y psíquica, los sueños dificultan esa relajación ya que la mente tiene emociones y pensamientos. Aún funciona. Nidra actúa entre el sueño y la vigila, hipnagógico e hipnapómpico. Puede definirse como un estado especial o diferente de conciencia. No es sueño, no es meditación, no es hipnosis. Son distintas actividades eléctricas, refiere a ondas alfa (8 a 13 Hz, vigilia es beta de 14 a 30 Hz, sueño ondas delta y theta). Su técnica consta de preparación, conciencia del cuerpo, conciencia de la respiración, sensación y visualización.

15. **Yantra**, visualización, mandalas: dentro del yantra (yan: visualización, tra: instrumento liberación,) están entonces los mandala (círculo, cerco), aquellos círculos geométricos sagrados, que engloban aspectos arquetípicos y kármicos muy utilizados en la terapia oriental y terapias occidentales como ser la jungueana o las transpersonales. También encontramos los mantras (mana: mente, tra: instrumento, liberación, expansión) u oraciones energéticas, son por lo general sutras o aforismos devocionales e inclusive tan sólo sílabas con sus semillas de mantra o bijas, entre ellos el poderoso AUM (léase om). Rituales o pujas, ciertas ofrendas, rezos, dádivas, templos, imágenes, etc. Son

instrumentos que llevan al individuo a otro estado de conciencia, al purusha, al alma. Ahí no hay tiempo ni espacio y todo puede suceder. Ahí es donde ocurren los *restituto ad integrum*, las remisiones espontáneas, las llamadas curas milagrosas.

16. Buddhi, intelecto, el rey de todos los tratamientos: El intelecto es el que digiere las experiencias y emociones, es capaz de generar espacio gracias a la aceptación (si pasó, conviene), el discernimiento (elegir con el intelecto, natural y correctamente) y el desapasionamiento (hacer lo que corresponde sin medir el resultado), que supone el desapego mental de todas las conexiones mundanas. La mente se hace sáttvica (pura, natural, sabia, como vimos en el capítulo sobre las cualidades) gobernada por un intelecto hábil, inquisidor, despierto, discriminador, alerta y vigilante. Caso contrario, se convierte en una trampa tamásica (lo más bajo, inerte, artificial), el mayor enemigo, una gran complicación y la mayor fuente de todo tipo de problemas y enfermedades. El Fuego del intelecto existe en la mente como racionalidad y discernimiento, facultad que nos permite percibir y juzgar cosas. Como terapias actuales, no puedo dejar de mencionar la biodescodificacion, psicología, constelaciones y astrología, hipnosis y diversas técnicas o disciplinas más modernas. La definición de disciplina en su forma más simple es la coordinación de actitudes, con las cuales se instruye para desarrollar habilidades, o para seguir un determinado código de conducta u "orden". Un ejemplo es la enseñanza de una materia, ciencia o técnica, especialmente la que se enseña en un centro (docente – asignatura). A menudo, el término "disciplina" puede tener una connotación negativa. Esto se debe a que la ejecución forzosa de la orden –es decir, la garantía de que las instrucciones se lleven a cabo– puede ser regulada a través de una sanción. También puede significar autodisciplina, en el sentido de "hacerse discípulo de uno mismo", es decir, responder con actitud y en conducta a comprensiones e ideales más altos. En el término latino disciplīna, la disciplina es el método, la guía o el saber de una persona. Discípulo viene de disciplina también, y el yoga es una disciplina. Todas vienen del latín *disco*, que es "aprender", "capacidad de saber". Discípulo, *discere*, *disco*: "aprender", "saber hacer".

17. **Ayurveda:** terapias de purificación o panchakarma (cinco acciones: purgas, enemas, vómitos, sangrías e instilaciones nasales), alimento, ejercicio, acorde a desequilibrio; terapia rasayana (rejuvenecimiento).

18. **Sadhanas:** prácticas espirituales con desapego del resultado de la acción (o sea, sin esperar ni demandar nada). Sadhana significa "disciplina", "acción espiritual", sadhaka sería el practicante.
    Veamos algunas sadhanas o prácticas espirituales del Karma Yoga para disolver precisamente el karma:

    • Alimentar el cuerpo con productos naturales que faciliten la producción de energía. Puesto que comemos para obtener energía de los alimentos, es importante darle al cuerpo lo mejor para obtener así su mejor rendimiento.

- Compartir más tiempo con las personas mayores de nuestra familia. Ser tolerante y paciente con ellas, sabiendo que así como tratemos a nuestros mayores, seremos tratados en el futuro.

- Jugar más con los niños que están en nuestra vida. Aprender de ellos a recuperar la espontaneidad, el amor incondicional y la capacidad para divertirnos.

- Llamar hoy mismo a un amigo que hace tiempo no vemos y decirle lo importante que es su amistad.

- Hacer un regalo espontáneo a alguien, sin ninguna razón particular.

- Orar por alguien, afirmando todo lo bueno para esa persona.

- Meditar, rezar, orar, conectarse con el único poder divino que nos acompaña y nos guía en cada momento.

- Dar gracias a otras personas por favores que nos han hecho.

- Perdonar, perdonar, perdonar. Cada día hay algo que perdonar. Saber que hay una justicia divina más efectiva y correcta que la que quiere imponer mi ego.

- Perdonarnos a nosotros mismos por cualquier error que hayamos cometido últimamente.

- Hacer algo positivo y estimulante por uno mismo, hoy.

- Acariciar a los animales. Decirles palabras de amor.

- Acariciar a las plantas. Decirles palabras de amor.

- Bendecir mentalmente a las personas con las que me encuentro hoy y desearles todo lo mejor.

- Hacer una donación de dinero, no importa a quién, ni la suma, pero hacerlo con mucho amor.

- Desprendernos de artículos viejos, como por ejemplo: ropa, libros, revistas y muebles. Donarlos, venderlos o regalarlos. De esta manera, le damos lugar a lo nuevo en nuestras vidas.

- Repetir afirmaciones que aumenten la autoestima.

- Aliviar la tarea de nuestros compañeros de trabajo, si es posible.

- Compartir con padres, hermanos, hijos, nietos u otros parientes, momentos placenteros, recordando que con ellos nos toca vivir una experiencia ineludible, debido a los lazos sanguíneos.

- Fomentar pensamientos y diálogos de paz, amor y armonía. Evitar criticar, quejarse o decretar cosas negativas.

- Practicar alguna actividad física que ayude a relajar las tensiones y a mantener la tonicidad muscular.

- Ofrecer ayuda desinteresada a alguien que la necesite.

- Colaborar con las personas más cercanas. A veces es más fácil hacer el bien a personas desconocidas que a otras que están cerca.

- Decir palabras de amor y expresar cariño abiertamente (los defectos en privado, las virtudes en público).

- Reírnos y hacer reír a los demás.

- Leer libros de autoayuda, curación, espiritualidad, o cualquier material estimulante que ayude a vivir mejor.

- Asistir a cursos, conferencias, charlas o grupos positivos.

- Colaborar con nuestro barrio, municipio o ciudad, para hacer que nuestro lugar de residencia sea cada día más hermoso, pacífico y amistoso.

- Expresar nuestra protesta hacia el desarrollo nuclear o actividades que sigan contaminando o destruyendo el planeta.

- Colaborar con entidades que apoyan la vida.

- Felicitar a los demás por sus éxitos y alentarlos a seguir creciendo.

- Reconocer las virtudes ajenas y estimular a las personas para que las expresen.

- Escribir cartas con noticias positivas y mensajes de cariño a aquellas personas que hace tiempo no les escribimos.

- Conservar limpio nuestro lugar de trabajo, nuestra casa, nuestro patio. Ayudar a mejorar el entorno en todo lo que sea posible. Evitar producir más basura.

- Plantar árboles y plantas.

- Favorecer a la naturaleza y a su crecimiento en aquello que esté a nuestro alcance.

- Amar y bendecir el planeta, con todos sus habitantes. Decretar pensamientos de paz universal.

- Relajarse y meditar. Preguntar a nuestra guía interior: ¿qué es lo mejor que podemos hacer hoy por nosotros mismos y por los demás?

El dharma da los pasos para la acción correcta para el yogi: Alinear la acción con el pensamiento, la palabra y la intuición. Desvincular la acción de sus frutos o expectativas. Guiar la acción a través del discernimiento o la capacidad de saber si lo que se hace está bien o no, alineado con lo natural. La acción del dharma les hace bien a todos. Disciplina, o sea, llegar a cumplir la acción con armonía y adecuación. Disciplina significa aprender, aprender a hacer... viene de *disco*.

Cuando vivimos de acuerdo con los principios espirituales, podemos disolver los karmas pasados. Así vemos que el karma puede ser cortado con actos espirituales sinceros, sin esperar nada de ellos.

No puedo huir de las consecuencias de mis acciones, por eso también el prestarle mucha atención a una situación traumática vivida es llamada ayoniso manoskara: atención inapropiada.

XVII
Y ahora, la verdad

Porque ahora es la verdad, todo lo demás es tiempo (y espacio) y espacio.

Hay cosas que no se pueden definir: el dolor, el amor, dios, la verdad... Según Lao Tse, la verdad no puede ser dicha, las palabras no alcanzan, por eso no se puede enseñar, ya que la verdad aparece en el silencio, en la música de la naturaleza, en situaciones, en comprensiones... no en conocimientos. El tiempo, la verdad, la realidad..., todas cuestiones cuánticas que dependen de quien las ve. La verdad es la realidad, no un pensamiento.

No hay nada permanente excepto el cambio, ergo la verdad es móvil, ocurre simultáneamente, nunca es estática, nunca se la puede definir, sólo es eso que pasa, no lo que uno piensa. Tampoco es lo contrario de error, ya que lo incluye también. El error y la mentira son parte de la verdad. La verdad se manifiesta cuando la mente no está, por lo tanto no se puede expresar en palabras. A través del silencio se conoce la verdad, sólo éste puede expresarla.

Habiendo aclarado que todo lo que se diga acá tampoco es verdad, pues sigamos mintiendo un poco.

La verdad es para uno y nadie más, no es una cosa transferible.

Todos opinamos distinto sobre lo mismo, entonces nadie tiene razón; si la verdad está de tu lado, ella hablará por sí sola, no por tus palabras.

Cuesta aceptar la verdad. La verdad es peligrosa, sobre todo para todos los que han vivido en un cuento. Así ven a la verdad como su enemigo, algo que hará caer toda creencia que uno ha vivido.

El Ayurveda sostiene que hay que escuchar a la intuición como la verdad. La intuición es esa verdad que irrumpe sin pasar por nuestros pensamientos, trasciende la mente, no requiere de razonamiento alguno, y nos susurra en los espacios silenciosos que hay entre nuestros pensamientos dejando así una semilla, un repentino saber que nos transforma...

La intuición (*prathiba*) es mucho más que la mente y el intelecto, no se puede explicar ni razonar. No aparece por medio de los pensamientos, sino que lo hace de forma abrupta, como un salto. Atraviesa como una realidad superior, tomando un atajo y sin dejarse tocar por los pensamientos. *In tuición* significa en protección.

Pasa que después pensamos la intuición y ahí la embarramos.

El conocimiento es cambiante y fluyente, el instinto es el cuerpo físico, el intelecto el cuerpo mental, la intuición es la conciencia, llegó ahí sin pensar. Representa nuestro verdadero ser, el lenguaje del alma.

A la noche, cuando dormimos y no soñamos, no estamos en vigilia, no pensamos, y tampoco estamos soñando, o sea no hay mente, no siento el cuerpo, no hay nada... ¿quién (o qué) está ahí? Ese es el estado de purusha.

Hoy tenemos más pero disfrutamos menos: hablamos más y hacemos menos, tenemos más diplomas pero menos sabiduría, más posesiones y menos amor; tenemos más medicina pero más enfermedades, con pastillas que hacen de todo: dormir, alegrar, relajar... (hoy la medicina avanza tanto que ya nadie está sano). Nuestra salud está marcada por análisis de sangre, ECG, Rx y presión arterial, nadie diagnostica la salud espiritual, como escuché por ahí "Nadie está sano, sólo no lo suficientemente estudiado".

El pensamiento puede inventar dioses, rituales y oraciones, habla del Ser y lo supremo, pero todo sigue siendo producto del pensamiento, nada sagrado. El pensamiento es el resultado, no el origen... ¿de dónde salió?

Aceptamos como verdaderas irrefutables lo que otra gente nos contó, qué religión seguir, qué está bien o no. No tenemos la verdad, ella nos tiene a nosotros.

Al final, mucha filosofía pero en realidad no sabemos ni siquiera quiénes realmente somos. La verdad no se puede definir. *Om tat sat*: "eso es la verdad"; *Tat tvam asi*, "tú eres eso" y *so ham*, "Yo Soy" o "Yo Soy Eso".

So ham significa "Yo Soy". La expresión real del intelecto toma su significado más profundo en la pregunta "¿quién soy?".

"Yo Soy" juega con el sujeto y objeto, con lo no dual (Vedanta advaita). Nada que se diga a través del objeto seré yo: no somos un nombre, no somos una forma, no somos una profesión; neti–neti para el Ayurveda, no es esto, no es lo otro.

Estamos convencidos de que tenemos una identidad que somos siempre los mismos. Que en algún lugar de nosotros hay algo que no va a cambiar más, eso es la base del yo. Yo Soy termina ahí, esa es la verdad... y de agregar algo sería eso, dios, espíritu, energía vital. Yo soy Dios, pues Dios es todo, Dios es eso.

Pase lo que pase, ocurre debido a la naturaleza del tiempo o sea del pensamiento; por eso a medida que el tiempo pasa, o sea que el pensamiento pasa, la persona también va cambiando. Cuando no está la mente no existe el tiempo y viceversa, si la mente no está quién puede reconocer el tiempo (memoria o imaginación, predicción). Uno experimenta el tiempo constantemente. Eso quiere decir que uno es el testigo del tiempo y también quiere decir que uno no es el tiempo. El espacio implica el tiempo y el tiempo quiere decir la duración o el espacio de la vida de una persona.

No hay pensamiento que no se basa en el ego. No se puede fingir con la verdad.

Los Vedas sostienen que un camino hacia el verdadero ser es la auto indagación, observarse, separarse de los pensamientos y hasta sospechar de los mismos. Esto es sospechar de nuestra propia mente, mirándola desde el intelecto, y mirando lo sucedido con aceptación, discernimiento y desapego del resultado de la acción. El autoconocimiento trasciende el tiempo, el espacio y hasta la persona. Es la conciencia que precede toda manifestación, ya sea de enseñanza, posesiones, religiones u organizaciones. Es el conocimiento del verdadero Ser, de quién realmente somos, y sólo se obtiene cuando la mente calla; en el silencio está la verdad.

Nacemos ilimitados, a medida que crecemos nos identificamos con nuestros propios personajes para interactuar y desenvolvernos en el mundo y caemos presos de esas identificaciones. Si nos identificamos con el cuerpo, creemos que terminamos en la piel ergo todo lo que está más allá de la piel es no yo.

Si nos salimos del personaje (*per sono*: "máscara") y jugamos con lo transpersonal, ello tal vez nos lleve a ver las cosas y el tiempo de otra manera.

Veamos algunas definiciones védicas más:

- Satya – satyam: "verdad", "realidad".
- Sat: "existencia", "ser".
- Sattva: "pureza", "luz".
- Satyam, shivam, sundaram: "verdad", "divinidad", "belleza".
- Sat chit ananda: significa, entre muchas cosas, "verdad", "conciencia", "plenitud".

Ampliemos un poco en los dos últimos sutra.

Satyam shivam sundaram podría traducirse como "verdad, bondad, belleza". También como "no existe nada más hermoso ni más auspicioso que la verdad", o "la verdad es auspiciosa y hermosa". Y tal vez la aplicación viva de este sutra podría ser "actuar de tal forma que nuestra vida sea amable y beneficiosa para todos" o "la verdad y el conocimiento puro traen la belleza"; y así cada autor tiene un comentario.

Satya es "existencia", "verdad", "vida", "realidad", "conciencia" (viene de la raíz sat). Shiva es el Dios auspicioso, la bondad, dios de la danza, de la música, del arte del Yoga, de la meditación, de la transmutación, del cambio, del fin.

Sundaram es la belleza interna, del alma, de la paz, de la contemplación y la no violencia. La verdadera belleza no tiene nada que ver con la cara o las proporciones del cuerpo, la belleza interior es la verdadera belleza, la eterna, profunda y sabia belleza.

Sat chit ananda significa, entre muchas cosas, "verdad, conciencia, plenitud". Es existencia y verdad, conciencia y conocimiento, felicidad y plenitud absoluta.

Sat es la realidad, la existencia; chit es nuestra conciencia, la auto observación del yo y el entorno, y ananda es el estado de felicidad o plenitud sin ninguna causa, es el estado permanente del ser. Sat podría traducirse como la verdad. Para los Vedas esta verdad se corresponde a la existencia en forma de vida, en forma de energía, de movimiento. Sat es la vida en sí misma, la fuerza que está atrás de la conciencia, de la alegría y de todo. Vivir el momento presente es vivir en "satya". Como venimos viendo, en este momento, ahora, sin pensar, ¿dónde están el pasado y el futuro? En ninguna parte; sólo existe el momento presente, lo otro es una mera proyección mental. El presente es lo único eterno, real y verdadero.

Chit es la conciencia no condicionada e ilimitada, es el ser supremo, mientras que chitta o chittam es la conciencia individual condicionada por los karmas, los registros akáshicos, la memoria celular, los surcos o impresiones, las tendencias. Chitta significa muchas cosas en sánscrito: quietud, mente, luminosidad, conciencia individual limitada. Si la conciencia actúa, el intelecto no es necesario. Cuando surge el verdadero saber, el pensamiento desaparece, no hay duda de lo que hay que hacer. Los animales no se escapan jamás de su acción, el tigre no tiene que hacer nada para ser tigre, el cóndor tampoco. Ellos no tienen karma pues hacen siempre lo correcto dentro del patrón de su naturaleza, en cambio los humanos tenemos libertad de acción, podemos elegir (obviamente dentro de nuestras posibilidades) y esa libertad nos hace responsables.

Ananda, por su lado, lo podríamos definir con otro aforismo o sutra: Ser feliz es una decisión (de paso mando chivo, pues es el título de uno de los libros que escribí). El éxito es tenso, agudo, el éxtasis en ananda es felicidad serena y continua; la diversión es para pasar el tiempo, en ananda el tiempo se detiene, no existe, la alegría es estable.

Sat chit ananda es un estado en el cual se está muy bien solo o acompañado, sin ninguna causa; un estado elevado del ser, sin por eso descuidar de las acciones cotidianas. Sat chit ananda lleva a chidaram el estado de gozo pleno de la conciencia (de chit, "conciencia"; ram, "gozar, placer").

Acorde a los Vedas, a través de conocimientos prestados nunca se obtiene la verdad. Tenemos una errónea idea de lo que realmente somos y es ésta la fuente de todo sufrimiento.

Soy sueño, de nada soy dueño; sólo soy dueño de mi sueño.

El autoconocimiento libera al hombre, libera al corazón del apego. Aquello que nos viene de anteriores nacimientos, e incluso lo que generamos en nuestra propia vida, no puede ser evitado. El pasado ya pasó, sin embargo, sí pueden ser modificadas sus consecuencias; depende de cómo se lo mire, ya que si pasó era lo que tenía que pasar, esa es la verdad. Además… si pasó, conviene. Forma inteligente de ver las cosas, buscarles siempre el lado bueno.

Chit es la conciencia que precede toda manifestación, ya sea de enseñanza, posesiones, religiones u organizaciones.

Es el conocimiento del verdadero ser, de quien realmente somos, y sólo se obtiene cuando la mente calla; en el silencio presente está la verdad.

La percepción es distinta pero la verdad es la misma, la verdad no está en la palabra, tampoco en el pensamiento; la verdad es, no se puede agarrar, sólo contemplar.

Ahora es la verdad y ahora en sánscrito es a-hora, sin tiempo.

Somos lo que hacemos con lo que hicimos de nosotros. Cuando uno conoce su verdadero ser, uno cambia; y todo cambia si uno cambia.

La salida es hacia adentro.

Póslogo, las palabras finales

Ya terminando el libro, vemos que tenemos karma por todos lados: por nuestros padres, abuelos, tatarabuelos y más allá, por la región y época donde nacimos, por los astros, por lo vivido, por lo dicho, por lo pensado y actuado, por el clima, por el dosha, por las dudas… pero en todas estas cosas no existe determinación alguna, sino tendencia. Tenemos un espacio (y tiempo) de libre albedrío para hacer lo que queramos y para ello pues es necesario algo de conocimiento de vida (ayur veda) que nos muestre el camino, pero luego uno lo debe caminar.

Pensar con amor, amar con sabiduría.

Autoconocerse no desde el ego, autoevaluarse desde otro ángulo. La idea no es echarse culpas ni culpar a nadie sino entender el juego del samsara–karma, ya que sólo la comprensión trae transformación.

La mente puede actuar como el regulador metabólico de todos los procesos orgánicos, entonces con una correcta acción intencional tiene la capacidad de prevenir y sanar desequilibrios y tendencias. La alegría es otro nombre para expresar esa armonía mental.

Bueno, se acabó… Como siempre: gracias por leerme; dicen que cuando terminás un buen libro éste no se acaba, permanece dentro tuyo. Ojalá lo volcado acá haya sembrado algo que luego brote y pase a formar más que informar.

Con–ciencia y amor,

Fabián

Índice